Josip Grbavac Braco

NACH DER GROSSEN TRAGÖDIE

W0399773

Der CIP - Eintrag ist im Online - Katalog
der National - und Universitätsbibliothek Zagreb unter der Nummer
633328 zugänglich.

Josip Grbavac Braco

NACH DER GROSSEN TRAGÖDIE

Zagreb, 2007.

Inhaltsverzeichnis:

Vorwort

Zuerst und vor allem gebührt der Verdienst für die Veröffentlichung dieses Buches meinem Verleger. Nach langer und hartnäckiger Überzeugungsarbeit gelang es ihm, mich davon zu überzeugen, dass es für die Menschen, die zu mir kommen, von Interesse sein könnte, ebenso wie für einen erweiterten Leserkreis. Ich willigte ein und machte mich an die Arbeit. Das Buch entstand eigentlich durch die Verbindung meiner vorhergehenden Bücher, «Das Erwachen» und «Die Sonne».

Aber weder «Das Erwachen» noch «Die Sonne» schrieb ich nach einem festen Entschluss. Vielmehr wusste ich noch gar nicht, was ich schreiben würde, als ich zu schreiben begann. Ich würde sagen, dass ich auch mit dem Schreiben dieses Buches direkt fast nichts zu tun habe. Sie werden fragen: «Wie kann so etwas möglich sein?» Es ist möglich. Man kann es sich ungefähr so vorstellen, als würde man einen Raum betreten und das Licht anmachen. Der Raum wird erleuchtet, weil man eine Glühbirne eingeschaltet hat. Sehen Sie, ich bin wie diese Glühbirne, die Sie wahrnehmen. Damit diese Glühbirne sich auch einschaltet und strahlt, muss eine Reihe von komplizierten Vorraussetzungen erfüllt sein. Vor allem muss der Schalter erreichbar sein, um das Licht anzuschalten. Aber man muss auch auf ihn drücken, damit das Licht erstrahlt. Und so ist es auch mit mir. Auf einmal, als ob man mich eingeschaltet hätte, leitet mich eine unerklärbare Energie weiter, aber ich weiß weder genau was, noch wie viel ich schreiben werde. Ich weiß nur, dass ich diese sonderbare Energie unserem lieben Ivica verdanke. Wie bisher auch, wird seine Kraft sowohl auf mich, wie auch auf Euch, meine lieben Freunde und Leser, wirken.

Für alles, was ich geschrieben habe, schulde ich Ivica Dank. Jetzt, da er nicht mehr physisch unter uns weilt, bin ich mir meiner größer gewordenen Verantwortung für alles, was ich tue und schreibe, bewusst. Alles, was ich bisher geschrieben habe, habe ich am Schreibtisch in unserem Büro in der Srebrnjak-Straße 1 geschrieben. Während ich dort schreibe, befinden sich bis zu dreißig Leute in den Warteräumen. Sie warten darauf, dass ich sie empfange, und wissen nicht, wie auch meine engsten Mitarbeiter, was sich im Büro abspielt. Sie wissen nicht, dass ich schreibe, dass es auf einmal wieder «losging». Und es geht unerwartet los, einfach spontan.

Ich werde Ihnen eine solche Situation beschreiben. An einem Frühlingsmorgen wachte ich wie gewöhnlich um 6 Uhr auf. Ich sah durch das Fenster und erfreute mich an der Sonne. Es überkam mich ein Glücksgefühl.

Jeden Morgen holt mich Damir ab, aber an diesem Morgen wollte ich allein auf Srebrnjak gehen. Das ETWAS schien mich anscheinend schon damals zu leiten.

Ich machte mich auf den Weg, aber eine innere Stimme sprach zu mir: »Geh nach Maksimir.» Ich ging also dorthin und machte einen gemütlichen Waldspaziergang. Als ich bei dem dritten See ankam, wurde mein Glücksgefühl noch intensiver, ich wurde vollkommen von ihm erfasst. Ein herrliches Gefühl!

Eine halbe Stunde danach war ich in unserem Büro in der Srebrnjak-Straße 1. Bedächtig und in aller Ruhe traf ich die üblichen Vorbereitungen für den bevorstehenden Tag und öffnete ganz automatisch einen der Briefe, die ich einen Tag zuvor zum Namenstag bekommen hatte. Er enthielt folgendes Gedicht:

Wenn ich sterbe und der luftige April
An meinem Grab seine Haare löst vom Regen schwer
Über mich gebeugt auch wenn du leidest
Lieben werde ich dich nicht mehr
Gelassen werde ich sein wie eine Baumkrone
Mit ausgebreiteten Ästen, auch wenn der Regen schmerzt
Stummer und härter als dein Herz

Wenn ich sterbe
Und aufhöre mich selbst zu hassen
Meine Liebe, mein einziger Trost,
Sag, was soll ich Dir zurücklassen?
Möchtest du die Ewigkeit vielleicht,
Oder ein rauschendes Blumenmeer?
Doch die Blumen haben zu viele Dornen,
Und die Ewigkeit keine Wegweiser mehr.

Soll ich ein Handvoll Glück für dich aufheben?
Willst du meine Verse, längst geschrieben?
Oder ein Teil blauen Himmels mit einer Wolkenschar?
Um dich zu erinnern, ich bin nicht mehr,
Aber einst ich war.

Erst als ich es zu Ende gelesen hatte, meldete sich eine innere Stimme und sprach zu mir: „Ein neues Buch!“ Oh Gott, das bedeutet, dass es wieder losgeht, sagte ich zu mir. Ich fragte mich, aber wie? Etwa hier, auf Srebrnjak?! Die Leute warten doch auf mich, wie soll ich da jetzt schreiben?!

Aber die Stimme sprach zu mir: „Mach keine Ausflüchte! Setz dich hin und nimm einen Stift in die Hand, den Rest überlasse mir, ich werde dich führen“. Es war 8 Uhr und 22 Minuten. Im Wartezimmer warteten dreißig Leute und ich schrieb....

Ich schrieb in den Pausen zwischen den einzelnen Gruppen. So, als ob dieses ETWAS in mir wäre und meine Hand beim Schreiben führen würde. Wie lange dies so weitergehen würde, wusste ich nicht, konnte es auch nicht wissen.

Folglich bin nicht ich derjenige, der entscheidet, wann und was ich schreibe. Dieses Buch ist, wie meine bisherigen Bücher auch, hier in der Srebrnjak-Straße 1 in Zagreb geschrieben worden.

Es würde mich freuen, wenn es Ihnen gefällt. Ich schreibe es mit diesem Wunsch und dieser Überzeugung. Ich erwarte von dem Buch genauso viel wie Sie. Wünschen Sie mir Glück. Danke.....

Josip Grbavac – Braco

ERSTER TEIL

DAS ERWACHEN

Der Weg in die Ewigkeit

Ich spüre, dass Sie, wie auch ich, nicht glauben können, dass unser lieber Ivica von uns gegangen ist. Wir können seine physische Gestalt nicht mehr sehen wie früher, aber er ist dennoch bei uns.

Wenn mich jetzt jemand fragen würde, wie ich mich fühle, würde ich einfach antworten - eigenartig. Denn ich habe das Gefühl, dass Ivica neben mir sitzt und zu mir spricht, mir sagt, was ich schreiben soll.

Heute ist Freitag, der 5. Mai 1995, 12 Uhr 20 Minuten. Ich habe nicht geahnt, dass ich dieses Buch schreiben würde. Der Stift gleitet nur so über das Papier und es entstehen Buchstaben, Wörter, Sätze. Es ist, als würde ich von einer unsichtbaren Energie angetrieben, als geschehe alles ohne meinen Willen.

Gerade fällt mir ein Erlebnis ein, das ich zusammen mit Ivica gehabt habe. Ivica, Dinko, Damir und ich fuhren mit dem Auto. Ivica erklärte uns etwas, und auf einmal rief er: „Mein lieber Braco, wenn du wüsstest, was dich erwartet!" Und ich fragte ganz naiv: „Was kann mich schon erwarten? Ich weiß, dass ich immer bei Ihnen sein werde und Sie sich um alles kümmern werden".

Er lachte und sagte: „Mein Sohn, du bist noch jung und weißt nichts. Du bist noch in der Lehre, aber wenn du zu arbeiten anfangen wirst, würde ich nicht gerne in deiner Haut stecken." Dinko, Damir und ich schauten uns verwirrt an. Dann sagte Ivica: „Du wirst bald erwachsen sein, aber bis dahin muss ich mich noch um dich kümmern. Ich habe seit meinem siebzehnten Lebensjahr auf dich gewartet und du bist gekommen. Denk nicht, dass ich das gewollt habe. Nein, ich am allerwenigsten. Was kann denn ich dafür, ich folge nur Befehlen. Ich wünschte, du wärest dort geblieben, wo du warst. Du hast eine Hochschulausbildung, siehst gut aus, hast Geld, aber ich darf offensichtlich nicht über dich urteilen. Bald wird die Zeit kommen und du wirst Bücher schreiben".

Ich konnte ihm nicht mehr länger zuhören, konnte es einfach nicht mehr ertragen und begann zu schreien: „Von was reden Sie da, welche Bücher!! Sie sind doch derjenige, der Bücher schreibt. Herr Prokić, ich bitte Sie, regen Sie sich nicht auf, aber ich verstehe kein Wort von alledem. Das kann nicht passieren, ich will das einfach nicht!" Er aber lächelte nur und sagte: „In Ordnung, mein Sohn, wir werden sehen, aber begreife, dass du noch klitzeklein bist und nichts weißt". Ich überlegte, wie er das wohl gemeint hatte, wo ich doch schon 26 Jahre alt war. Aber er antwortete schon, obwohl ich die Frage noch nicht einmal ausgesprochen hatte! „Ja, bist du, aber in Wirklichkeit bist du noch ein Kind, das gerade erst 7 Jahre alt ist".

Ich verstand ihn nicht, das alles kam mir verwirrend und seltsam vor. Aber im Nachhinein verstehe ich ihn, heute sind seine damals gesprochenen Worte für mich viel verständlicher. Zum Glück waren wir, als Ivica das gesagt hatte, nicht allein. Dinko und Damir waren bei uns und können jedes seiner Worte bestätigen.

Und wie alle Prophezeiungen von Ivica erfüllte sich auch diese.

Dies ist also der Beginn meines ersten Buches. Ich schreibe, und es scheint so, als ob ich selbst schreiben würde, aber es hat nur den Anschein, denn woher sollte ich denn all das wissen, wenn nicht dieses ETWAS aus mir sprechen würde. Dieses Buch ist eigentlich die Fortsetzung eines Buches, das unser geliebter Ivica einst begonnen hat.

Das tragische Ereignis spielte sich am 23.04.1995 gegen 11 Uhr in der Südafrikanischen Republik ab. Ivica ertrank an der Küste des Indischen Ozeans.

Im Januar 1994 machten wir noch eine Deutschlandtournee, eine von vielen. Wir fuhren jeden Monat dorthin. Nichts hätte damals unsere besondere Aufmerksamkeit erregt, hätte nicht Ivica plötzlich geschrien: „Du, der da stehst! Ich weiß, dass du hier aus reiner Neugier bist, dass du an nichts glaubst, aber ich sage es dir, du wirst wiederkommen! Du leidest an einer schweren Krankheit. Die Ärzte haben dir gesagt, dass sie dir nicht helfen können, dass es niemanden gibt, der dich retten kann. Für dich ist hier die Endstation, und ich sage dir, du kommst wieder". Der hoch gewachsene, charmante Herr stand einige Zeit wie versteinert da und ging dann sprachlos davon.

Alledem hätte man keine Bedeutung beigemessen, wenn nicht das eingetreten wäre, was Ivica gesagt hatte. Schon bei der nächsten Tournee war der Mann wieder da.

„Du bist also wiedergekommen! Und du hast sicher gedacht, du würdest nicht nochmals kommen. Mein Sohn, höre mir jetzt gut zu, ohne meine Hilfe wärst du nicht gekommen. Und jetzt sag diesen Leuten, an was du leidest".

„Leute, das ist die Wahrheit. Dieser Mann ist kein gewöhnlicher Mensch. Wer er ist, weiß ich nicht, aber ich sage Ihnen, er sieht und weiß alles. Ihn kann man nicht belügen! Ich hatte Krebs und habe viele Ärzte in Deutschland, Südafrika und in der Schweiz besucht, und alle haben am Schluss immer das Gleiche gesagt: „Wir können Ihnen nichts versprechen. Da kann man nichts mehr machen. Es tut uns leid¿". Alle diese Ärzte habe ich in der Hoffnung aufgesucht, dass sie mich heilen, und ich habe viel Geld dafür ausgegeben, an die 30.000 DM."

Daraufhin fragte ihn Ivica: „Und wie viel hast du mir bezahlt¿"

„Ihnen nichts, mein Herr. Ich habe Ihr Buch erworben und dafür bezahlt. Aber das ist normal, denn auch für Sie fallen Kosten an. Sie müssen das Papier, den Druck und die Leute bezahlen, die daran mitarbeiten. Aber was Sie mit Ihrer Arbeit den Leuten geben, das ist unbezahlbar. Sie nehmen kein Geld dafür! Ich weiß nicht, wer Sie in Wirklichkeit sind. Aber nachdem ich bei Ihnen war, sagten die Ärzte bei der Kontrolluntersuchung, meine Krankheit sei verschwunden. Sie konnten es selbst kaum glauben. Ich habe nie an Bioenergetiker, Propheten oder übernatürliche Kräfte geglaubt, aber das hier ist Wirklichkeit. Nachdem ich bei Ivica war, ist meine Krankheit einfach verschwunden".

Und so wurde aus unserem ungläubigen Nenad ein glühender Gläubiger. In Deutschland, in der Schweiz und im weit entfernten Afrika verbreitete er die Kunde von Ivica, dem Menschen mit wundersamen, unglaublichen Kräften. Er erzählte, Ivica sehe und wisse alles, helfe, aber verlange dafür keine Gegenleistung, nehme kein Geld. Das Einzige, was man bezahle, sei das Buch, wobei einem freigestellt sei, ob man es nehmen möchte. Wenn Ivica eine Person vor sich stehen sah, die das Buch kaufen wollte, aber nicht über die finanziellen Möglichkeiten verfügte, schenkte er es ihr. Das hatte er oft getan.

Februar 1995. Wieder waren wir in Deutschland, auf einer weiteren Tournee. Wir sollten den Termin für die nächste Tournee ausmachen, wussten jedoch weder Ort noch Zeitpunkt. Und dann tauchte Nenad auf und lud uns in die Südafrikanische Republik ein. Die Kunde über die wundersamen Fähigkeiten von Ivica hatte sich weit verbreitet. Ivica und ich schauten uns nur an und lächelten. Wir sollten gehen! Jetzt wussten wir sowohl Ort als auch Zeitpunkt. Südafrikanische Republik, vom 16.04. bis 02.05.1995.

Ivica, Dinko, Damir und ich machten uns von Zagreb aus auf die Reise. In Deutschland warteten Pajo, Nada und Zora auf uns. Alle zusammen flogen wir nach Johannesburg. Nach zehn Stunden Flug erwarteten uns Nenad, seine Frau Ankica, ihre Tochter mit ihrem Mann und der kleinen Annamarija.

Wir erfrischten uns ein wenig mit Saft und Kaffee, danach machten wir eine 50 Minuten lange, angenehme Fahrt vom Flughafen bis zu ihrem Familienhaus. Dort wurden wir aufs herzlichste empfangen. Im Garten stand auf dem wunderschönen, grünen Rasen eine Reihe von Tischen voller unterschiedlicher tropischer Früchte. Es gab Ananas, Bananen, Kiwis, Mangos, Avocados und noch mehr Obstsorten, von denen ich bis dahin gar nicht wusste, dass es sie gab. Alles war farbenfroh und duftete herrlich. Es gab auch verschiedene Fleischsorten, die auf besondere Weise zubereitet waren.

Die Leute empfingen uns mit einem Lächeln und einer Erregung, die sie, selbst wenn sie es gewollt hätten, nicht hätten verbergen können. Obwohl wir mehr als dreißig Stunden gereist waren, verspürten wir keine Müdigkeit, sondern nur Freude und Fröhlichhkeit. Nach einiger Zeit trafen die ersten Gäste ein. Sie wollten möglichst schnell Ivica sehen und alle sehnten sich danach, dass er ihnen etwas sagt oder ihnen hilft.

Aber zum ersten Mal war Ivica ohne seinen SPIEGEL verreist. Er wollte sich ja ausruhen und nicht arbeiten. Es war der erste Urlaub in seinem Leben! Ich kannte ihn gut und wusste, dass er es doch nicht aushalten würde. Um ihn herum waren Menschen, die seiner Hilfe bedurften, und das war stärker als er. Etwas in ihm ließ es nicht zu, dass er sich ausruhte. Er wurde immer unruhiger und auf einmal, ohne jegliche Vorankündigung, begann er zu reden. Wir fragten uns, wie er wohl ohne seinen Spiegel arbeiten würde, aber es war unnötig, sich dies zu fragen. Er sagte den Menschen ihr Schicksal voraus und sie blieben meist sprachlos. Außerdem löste er erfolgreich ihre Probleme. Sie waren überrascht von den Fähigkeiten und Kräften unseres Ivicas. Während sie sich wunderten, beobachtete ich sie in aller Ruhe, denn ich wusste sehr gut, wer Ivica war und was er konnte. Er arbeitete lange, und als er Schluss machte, fuhren wir ins Hotel zum Schlafen. Schon am nächsten Morgen wollten wir ans Meer fahren, Richtung Durban, im Südosten der Südafrikanischen Republik.

Beim Morgengrauen brachen wir alle zwölf auf. Wir hatten zwei Autos gemietet, aber Nenad fuhr mit seinem eigenen. Zu dieser Zeit ist in Afrika Herbst und die Nacht bricht schnell herein, schon gegen 16 Uhr, so dass uns 50 Kilometer vor Durban die Nacht überraschte. Wir beschlossen, in dem der Küste nächstgelegenen Hotel für eine Nacht zu übernachten.

Aber Ivica sagte: „Braco, buch die Zimmer im Hotel für die ganzen 13 Tage“. Ich war äußerst überrascht, denn ich wusste, dass es Ivica nicht lange an ein und demselben Ort aushielt.

Wir übernachteten dort einen Tag, und dann noch einen zweiten Tag. Am zweiten Tag, beim Frühstück, planten wir, wie wir die Zeit in Afrika verbringen wollten. Die meisten von uns hofften, uns am Swimmingpool und im Hotel erholen zu können. Aber ich wusste genau, dass daraus nichts werden würde, denn Herr Prokić ist ein Mensch, der nicht lange an einem Ort verweilen kann. Er liebte es, sich zu bewegen, und alles zu erkunden, was neu war. Und hier war vieles für ihn neu, zum Beispiel die Schwarzen. Und immer, wenn er sie sah, freute er sich, hupte und winkte ihnen zu. Er mochte sie, denn sie waren einfach und natürlich, lachten, waren immer fröhlich und vor allem unbeschwert. Obwohl sie nichts haben, sind sie reich, denn sie besitzen Herzensgüte und ihren Glauben, die uns oft fehlen. Sie leben von heute auf morgen und jagen nicht dem Geld hinterher. Wir aber kümmern uns nicht um unseren geistigen Zustand, sondern jagen materiellen Gütern hinterher, häufen sie an und können nicht genug davon bekommen. Wir wollen immer mehr, und je mehr wir besitzen, desto mehr wollen wir noch. Wir werden immer geiziger und egoistischer. Die Menschen erkennen nicht, dass ihr materieller Reichtum sie zu dessen Sklaven macht. Sie leben in der ständigen Angst, ihn zu verlieren, dass ihn jemand ihnen wegnimmt. Sie eröffnen Bankkonten, aber auch dann ängstigen sie sich, denn was wird sein, wenn es zu einer Geldentwertung kommt und sie ihren Reichtum verlieren!¿ Sie können nicht mehr schlafen, werden unruhig und angespannt. Entspannung und Unbeschwertheit werden für sie nur noch zu abstrakten Begriffen. Sie vergessen dabei, dass es sich nur um bedrucktes Papier handelt, um Ziffern auf ihren Bankkonten. Sie begreifen nicht, dass Reichtum, so viel Vergnügen er einem auch bereiten mag, nicht aufwiegen kann, was man im Gegenzug dafür hergeben muss.

Wir haben uns von Gott entfernt. Wir besitzen viele materielle Güter, aber wir sind ständig angespannt und nervös. Wir wollen alle beherrschen. Die Schwarzen haben wir unterdrückt, ihnen ihre Heimat genommen, und wir wollen ihnen auch noch ihre Gewohnheiten und Bräuche wegnehmen. Gerade so, als würden wir ihnen ihre Seele nehmen. Aber wer hat uns das Recht dazu gegeben? Wir sind in ihr Land gekommen und nicht sie in unseres. Für dieselbe Arbeit erhält ein Schwarzer um ein Vielfaches weniger bezahlt als ein Weißer, obwohl das Ergebnis seiner Arbeit das gleiche ist. Und warum!? Nur weil seine Hautfarbe nicht weiß ist!! Aber dafür kann er doch nichts.

Das ist das Kernproblem, nur wir Menschen verstehen es nicht. In diesem Leben sind wir weiß, aber schon im nächsten Leben könnten wir schon dieser Schwarze sein, den wir jetzt unterdrücken und entwürdigen.

Denken Sie mal darüber nach!!

Nach dem Frühstück setzten wir uns in die Autos

und fuhren los. Ivica sagte, dass wir irgendwo in Richtung Berge fahren. Nach einer angenehmen Fahrt von etwa 300 Kilometern fanden wir einen Strand und beschlossen, uns im Meer zu erfrischen. Ivica begann seinen Goldschmuck, den er trug, abzulegen. Ich sah ihn verwundert an, und als er auch noch das Amulett mit der Sonne ablegte, das Symbol, das die meisten von uns trugen, fragte ich ihn, warum er das tun würde. Er antwortete nicht, sondern legte alles ab. Damals sahen wir ihn zum ersten Mal ohne Goldschmuck, denn er hatte ihn bisher nie abgelegt. Und was jetzt, fragte ich. Er sagte, dass auch ich meinen Schmuck ablegen solle. Widerstrebend willigte ich ein. Ich legte alles ab, bis auf die Kette mit dem Sonnensymbol. Daraufhin sagte er: «Lege auch sie ab!» Ich wollte es nicht tun, aber er bestand darauf. Ich legte also die Kette ab, warf sie Zora zu und rannte zum Ozean.

Meine Reaktion hatte ihn offenbar erschreckt, denn er rief Damir und Dinko, und alle drei rannten mir hinterher. Ich erreichte den Ozean und versuchte zu schwimmen, aber ohne Erfolg. Die Wellen waren so hoch und gewaltig, dass sie mich augenblicklich wieder an den Strand zurückwarfen.

Nenad sah, wie ich mit den Wellen kämpfte. Er kam herbei und half mir. Er erklärte mir, dass es im Ozean praktisch unmöglich sei, zu schwimmen, und dass deswegen jedes Haus und jedes Hotel an Südafrikas Küste einen Swimmingpool habe. Später versuchten wir es alle zusammen noch einmal, aber es war mehr eine Planscherei im seichten Wasser als ein Schwimmen.

Auf einmal rief Ivica Dinko und mich zu sich und sagte, dass er direkt im Ozean eine wundersame Vision hätte. Er würde eine Fernleitung sehen, die im Wasser zu stehen scheine, und um sie herum seien drei schwarze Löcher. Nach einem kurzen Schweigen sagte er, dass vor seinen Augen eine Gestalt erschienen sei, er habe sie aber nicht erkennen können. Außerdem habe sie ihm einen Schlüsselbund hingehalten.

Nach zwei, drei Stunden kehrten wir in das Hotel zurück. Ivica lud mich gleich zum Schwimmen am Pool ein. Das war eine weitere Überraschung, denn Ivica mochte eigentlich kein Schwimmen, zudem wir ja gerade erst vom Baden zurückgekommen waren. Mir war nicht danach, aber ihm zuliebe ging ich mit zum Pool.

Nach einigen Minuten fragte er mich: «Braco, was denkst du, wie wird es nach unserer Rückkehr aus Afrika in Zagreb auf Srebrnjak weitergehen¿» „Na ja, so wie bisher“, sagte ich. Aber er lächelte: «Daraus wird nichts! Ich bin doch keine alte Wahrsagerin, die einem das Schicksal voraussagt. Das wird es nicht mehr geben». Was würde mit dem Spiegel werden, fragte ich. Er sagte, dass der Spiegel zu schwach sei für das, was kommen werde, und dass es nur eine Zwischenphase sei.

Was er damit sagen wollte, müssen Sie selbst beurteilen!!

Beim Abendessen vereinbarten wir, am nächsten Tag wieder zum gleichen Strand zum Schwimmen zu gehen. Ich fragte mich, was es wohl sei, das ihn wie ein Magnet erneut dorthin zog. Ich wusste sehr gut, dass Ivica selten zweimal an denselben Ort geht.

Gegen 10 Uhr 30 am Vormittag erreichten wir unser Ziel, aber das dritte Auto war weit hinter uns zurückgeblieben. Während wir auf das Auto warteten, begannen wir langsam das Mittagessen vorzubereiten. Wir wollten vor dem Schwimmen noch etwas essen.

Auf einmal sagte Ivica, nachdem er eine Kerze angezündet hatte: «Dinko, behalte sie im Auge und pass auf, das sie nicht ausgeht! Damir, du rufst Braco und mich, wenn sie kommen. Wir beide gehen schwimmen.“

Während Ivica zu ihnen sprach, zog ich meine Badehose an, ohne zu verstehen, um was es eigentlich ging. Als ich zu ihnen ging, sah ich, dass Ivica auch dieses Mal allen Goldschmuck ablegte und ihn auf den Autositz warf. Ich tat das gleiche, legte alles ab bis auf einen kleinen Ring, den ich am kleinen Finger der rechten Hand trug.

Ivica war schon losgegangen und ich rannte ihm schnell nach. Er sah etwas seltsam aus, irgendwie anders! Alles war seltsam, dass er vor dem Essen schwimmen wollte, auch dass wir beide alleine gingen, und ohne Gold!! Ich rannte zu ihm, aber Ivica stand schon bis zu den Knien im Wasser.

Als ich ihn erreicht hatte, geschah etwas Unglaubliches. Wie von einer unsichtbaren Kraft wurden wir 50 Meter ins offene Meer fort getragen. Lesen Sie jetzt aufmerksam meine Worte! Wir sind weder geschwommen, noch hat uns eine Welle oder Meeresströmung fortgespült. Es war, als hätte uns eine unsichtbare Energie erfasst. Wir waren ein paar Meter voneinander entfernt. Wir versuchten, uns einander zu nähern, aber etwas hat uns immer weiter auseinander getrieben. In diesem Moment drehte ich mich instinktiv in Richtung offenes Meer und sah, wie eine mehrere Meter hohe Welle auf uns zukam. Ich wusste sofort, dass ich nichts tun konnte und dachte nur, mein Gott, jetzt ist es aus mit dir. Die riesige Welle vergrub mich unter sich und begann mich zu rollen. Der Ozean hatte mich absorbiert. Ich spürte, wie mein Körper unter der Wasseroberfläche mit hoher Geschwindigkeit rotierte. Ich hielt solange wie möglich die Luft an, und dann spürte ich, wie mich die Kräfte verließen. Ab diesem Moment kann ich mich an nichts mehr erinnern.

Als ich wieder die Augen öffnete, sah ich die Sonne. Ich lag bis zu den Ellebogen im Wasser und fühlte Boden unter meinen Füßen. Augenblicklich sprang ich auf und schwamm, ohne groß zu überlegen, hinaus aufs offene Meer. Ich wollte nur eines, Ivica finden, aber ich sah ihn nicht, er war nirgends zu sehen. Wie von Sinnen rannte ich los, um Hilfe zu holen. Ich schrie: «Damir, Dinko....schnell.....ich weiß nicht, wo Ivica ist!»

Alle kamen angerannt und wir machten uns auf die Suche. Dinko sah ihn zuerst. Er trieb auf der Wasseroberfläche, mit dem Gesicht nach unten, und verschwand dann wieder. Nach einiger Zeit sah ihn Nenad wieder und eine Welle trieb Ivica in seine Arme.

Wir eilten alle herbei und zogen ihn ans Ufer. Wir riefen die Erste Hilfe an und während wir auf sie warteten, versuchten wir alles, um ihm zu helfen, um ihn wiederzubeleben. Wir machten Mund-zu-Mund-Beatmung und Herzmassage, allerdings ohne Erfolg. Er gab kein Lebenszeichen von sich. Ein Arzt war relativ schell gekommen und stellte fest, dass der Tod noch im Wasser eingetreten sei.

Wir weinten wie Kinder. Wir konnten nicht glauben, dass er tot war.

Unmöglich! Unser Ivica durfte nicht sterben. Jeder, aber er doch nicht! Es kam ein zweiter, dritter und noch ein vierter Arzt, und alle kamen zum gleichen Ergebnis, dass der Tod im Wasser eingetreten sei.

Sie sagten uns, dass wir Glück gehabt hätten, ihn überhaupt zu finden, denn in den meisten Fällen würden im Ozean Ertrunkene nie gefunden. Wir ließen Ivica einige Stunden nicht aus den Armen, aber dann kam die Polizei und trennte uns von ihm.

Ich wollte mich umbringen, mir auf irgendeine Art das Leben nehmen. Was ist mein Leben ohne ihn, schrie ich. Nein, das darf nicht wahr sein, das steht nicht in seinen Büchern geschrieben. Wie kann er nur sterben? Ivica muss wieder lebendig werden!

Zora kam zu mir und sagte: „Wenn du hättest sterben sollen, wärst du mit ihm ertrunken. Du musst weitermachen. Du hast die meiste Zeit mit ihm verbracht und du hast den Schlüssel. Du musst weitermachen! Du musst dich um seine Familie kümmern, seine Frau und die Kinder. Du musst allen sagen, was geschehen ist".

„Oh Gott, warum hast Du mir das angetan? Warum hast Du nicht auch mich zu Dir genommen? Was mache ich jetzt alleine?", stieß ich schluchzend hervor...

Wer war Herr Prokić?

Er war ein Mensch mit übernatürlichen Fähigkeiten. Fähigkeiten, die keine Wissenschaft erklären kann. Sein Leben widmete er einfachen Leuten und wusste auf wundersame Weise ihre unterschiedlichen Probleme zu lösen.

Niemand wusste genau, wie er dies tat. Er nahm einfach alle ihre Krankheiten, Schmerzen und Probleme auf sich und kämpfte mit ihnen. In den meisten Fällen hatte er Erfolg.

Aber es gab auch Menschen, in deren Leben er sich nicht einmischen wollte. Wenn ein solcher Mensch mit einem Problem kam, schaute er sich ihn an und wusste immer sofort, dass er es lieber bleiben lassen sollte, weil das, was diesen Menschen plagte, das Karma aus einem der vorangegangenen Leben war. Zu so jemandem sagte er dann: „Gehen Sie, ich kann Ihnen nicht helfen." Er pflegte, nichts weiter zu sagen, denn die entsprechende Person hätte es ohnehin nicht verstanden, sondern wäre noch verunsicherter geworden.

Karma bedeutet Opfer bringen. In diesem Leben müssen wir das leben, was uns auferlegt ist. Wir dürfen nicht in das Karma eingreifen. Wir müssen unser Karma abarbeiten.

Ich versuche, es Ihnen zu erklären. Wenn Sie beispielsweise einen Blinden sehen, sollten Sie wissen, dass es einen Grund gibt, warum er blind geboren wurde. Vielleicht war er, beziehungsweise sein Geist, in einem seiner früheren Leben ein Feldherr, der hunderte oder tausende Menschen ermorden ließ. Deswegen wurde derselbe Geist oder dieselbe Person im Körper eines Blinden wiedergeboren, um für die Leiden, die er vielen unschuldigen Seelen antat, zu büßen. Um diese Schuld zu sühnen.

Hier hat Gott seinen Stempel aufgedrückt, das heißt, man soll sich nicht einmischen!! Ich hoffe, dass Sie es verstehen.

So ist es auch heute, in dem Leben, das wir jetzt führen. Für all die Sünden, die wir begehen, werden wir in unserem zukünftigen Leben büßen, aber auch in diesem, und mit uns auch unsere Familien. So kann es passieren, dass Ihr Kind verunglückt. Sie würden alles dafür geben, um Ihr Kind zu retten, aber in den meisten Fällen gibt es keine Hilfe. Nichts von all dem, wofür sie gelebt haben, wonach Sie gestrebt haben, all Ihr Geld, Ihre Autos und Villen, können Ihnen helfen. All dies wird wertlos, nichts davon kann Ihnen Ihr Kind zurückgeben, nichts davon kann es ersetzen, nichts davon Ihre Trauer und Ihren Schmerz vertreiben.

Ivica hat vielen geholfen, die sich an ihn gewandt haben, und deren Schicksal er erleichtern durfte. Persönlich weiß ich, dass er viele Ehen gerettet hat, Er hat bei verschiedenen psychischen Problemen geholfen, bei schweren Krankheiten, Krebserkrankungen, Blindheit, Epilepsie, verschiedenen Arten von Allergien, bei Problemen mit den Kindern u. ä. Es gab auch Menschen, die ihn wegen beruflicher Probleme aufsuchten, auch sie erhielten Hilfe. Nach einem Treffen mit Ivica wendete sich alles irgendwie zum Besseren. Häufig wunderten sich die Menschen, wie dies möglich sei. Außerdem konnte er in die Vergangenheit, Gegenwart und Zukunft sehen. Er sah das Schicksal und konnte es mildern.

Er bekämpfte auch die schwarze Magie. Ich weiß, dass viele nicht glauben, dass es Magie überhaupt gibt. Schwarze Magie, am Ende des 20. Jahrhunderts, einfach lächerlich, werden Sie sagen. Aber, Sie mögen es glauben oder nicht, es gibt die Magie, und sie wirkt vielleicht stärker denn je. Es gibt Personen, die können uns anhand einer Fotografie Böses zufügen, unsere Ehe zerstören, unsere Zeugungsfähigkeit beeinflussen, Misserfolg bei der Arbeit herbeiführen, uns in den Wahnsinn treiben und noch vieles mehr. All dies ist leider möglich, und Ivica wusste es nur allzu gut. Über solche Fähigkeit verfügen Personen, die in Kontakt mit negativen Energien stehen. Man könnte es als Kontakt mit der Unterwelt beschreiben. Solche Personen sind medial mit bösartigen Energien verbunden.

Ein normaler Mensch lebt und denkt nicht groß darüber nach. Er ist sich nicht darüber bewusst, dass man in seine Tasse mit Kaffee oder Tee oder in irgendwas anderes, was er konsumiert, etwas hinein geben kann, das ihn möglicherweise geisteskrank macht, seine Ehe und seine Kinder gefährdet, das Haarausfall oder Kräfteverlust hervorruft usw. Ja, solche Dinge geschehen auch in der heutigen Zeit.

Unser Ivica war einer der wenigen, der sich dagegen stellte. Er kämpfte gegen die schwarze Magie an, und was wichtig ist, er hatte viel Erfolg dabei.

Ivica wollte ein ganz gewöhnlicher Mensch sein, aber das war er nicht. Das Schicksal hatte ihm etwas Anderes bestimmt. Dennoch unterschied er sich äußerlich in nichts von den Anderen. Nichts hob ihn hervor, außer dem vielen Goldschmuck, den er trug.

Er wollte ihn nicht tragen, aber er musste es. Das Gold beschützte ihn und mit seiner Hilfe hat er Ihnen geholfen.

Über seine Hände, durch das Gold, floss positive Energie und übertrug sich auf die Menschen, um das Böse in ihnen zu vernichten. Seine Kraft nahm stetig zu und je stärker er wurde, desto mehr Goldschmuck musste er tragen. Viele lachten ihn aus und sprachen abfällig darüber, aber niemand fragte sich, wie es ihm dabei erging. Sie können sich gar nicht vorstellen, wie er im Sommer gelitten hat, als die Sonne herunterbrannte mit Temperaturen von über 30 Grad. Sie denken vielleicht, das sei doch gar nicht so schlimm. Ich habe zuerst genauso gedacht, aber dann habe ich mich am eigenen Leib vom Gegenteil überzeugt. Einen Ring, ein zierliches Kettchen oder einen Armreif zu tragen ist leicht, aber alles, was das übersteigt, bedeutet Leiden.

Aber, was will man machen, das ist halt unser Schicksal.

Was Ivicas Privatleben betrifft, so hatte er so gut wie keines. Die wenigste Zeit verbrachte er im Kreis seiner Familie. Er verbrachte die meiste Zeit mit den Menschen, die seine Hilfe suchten, und wenn nicht, dann war er mit mir zusammen. Wir waren Tag und Nacht zusammen.

Auch wenn er jetzt nicht mehr physisch da ist, spüre ich dennoch seine Anwesenheit, als ob er mich begleiten und über mir schweben würde.

Ich erinnere mich oft an die Momente, die wir gemeinsam verbracht haben. Immer noch frage ich mich manchmal, warum ich geblieben und nicht mit ihm gegangen bin.

Aber es ist offensichtlich deswegen, weil ich mein Karma in meinem physischen Körper noch nicht abgearbeitet habe. Meine Kerze brennt noch, was bedeutet, dass mein Schicksal noch offen ist. Was weiterhin geschieht mit mir – man wird sehen.

Ivica liebte schnelle Fahrten mit dem Auto, das hat er wirklich genossen. Er sagte, er habe bei hoher Geschwindigkeit das Gefühl, als würde er sich von der negativen Energie befreien und positive tanken. Er konnte unermüdlich fahren, stundenlang, und besonders liebte er es, in der Nacht zu fahren.

Dabei haben wir uns damals ununterbrochen unterhalten.

Ich habe nie verstanden, warum er mir all seine Freizeit widmete. Ich bin mir oft dumm vorgekommen, denn das meiste von dem, wovon er sprach, habe ich nicht verstanden. Er ist ein großer Prophet und verschwendet seine Zeit mit mir, dachte ich. Als hätte er meine Gedanken gelesen, antwortete er: „Ich tue nur das, was mir bestimmt ist. Ich bin bei dir, weil ich es sein muss. Du bist noch jung und verstehst vieles noch nicht, aber eines Tages wirst du es verstehen".

Und so ist leider der Tag gekommen, an dem ich Überlegungen anstellen muss. All die Dinge, von denen er mir erzählte, waren etwas, was man nicht einfach so verstehen und lernen kann. Es wird einem gegeben und erst dann kann man es verstehen. Ivica hat beharrlich versucht, die Menschen auf die vielen Fallstricke des Lebens hinzuweisen. Jeder Tag bringt neue Erfahrungen. Unser Handeln unterliegt einer Bewertung. Mal dürfen wir vorrücken, ein anderes Mal müssen wir zurückgehen. Das Rad des Lebens dreht sich im Kreis.

Alles, was Ivica in der spirituellen und materiellen Welt geschaffen hat, hinterließ er uns. Das Materielle seiner Familie und der Gemeinschaft in der Srebrnjak-Straße 1. Das Spirituelle hinterließ er uns allen. Das spürt jeder für sich selbst am besten.

Viele haben sich gefragt, woher eigentlich das Gold stammte, das er trug. Sie waren es, die es ihm gegeben haben. Es gehört Ihnen. Er hat es weder vertrunken noch verspielt, und auch nicht verkauft. Es ist immer noch da, auch nach seinem Tod. Er hat nur die Früchte seiner Arbeit genutzt, als er noch lebte, und er hat sie mit schweißtreibender Arbeit erworben. Und jetzt, da er tot ist, wird jemand anderer sie nutzen.

Besonders glücklich machte ihn, alles, was er hatte, mit anderen zu teilen. Auch das, was seine Anhänger nach Srebrnjak brachten. Die Blumen, die die

Menschen ihm schenkten, waren auf Srebrnjak oder bei ihm zu Hause. Einmal in der Woche schickte er auch mir immer Blumen nach Hause. Eine der Fragen, die die Menschen beschäftigte, war, warum er so sehr Blumen liebte. Sie halfen ihm, uns zu helfen. Und wie? Das werde ich zu einem späteren Zeitpunkt erklären, jetzt ist es noch zu früh dafür.

Andere Menschen, wahrscheinlich die meisten, hätten die Blumen und Geschenke, die sie bekamen, verkauft, er aber tat es nicht. Er teilte alles mit den Menschen und beschenkte sie, gab auch Geld, wenn jemand es dringend benötigte, gab alles, was jemand sich erbat.

Er half allen, selbst seinen ärgsten Widersachern.

Ich weiß, dass viele es nicht glauben werden, aber Ivica hatte überhaupt kein Gespür für Business oder Geld.

Darüber wollte er gar nicht reden. Er hasste Geld, aber er brauchte es, um Bücher zu veröffentlichen und auf Tournee gehen zu können, für die täglichen Dinge des Lebens, für das Autofahren und für Besuche. Er musste Steuern für seine Firma zahlen, denn hätte er keine gegründet, hätte er keine Genehmigung vom Staat erteilt bekommen, seine Tätigkeit auszuüben. Für sich selbst gab er am wenigsten aus. Er besuchte keine Cafes, luxuriösen Restaurants oder Spielcasinos, er hatte auch keine Geliebten.

Am meisten liebte er es, mit mir zusammen stundenlang Auto zu fahren und zu reden.

Oft fragte ich mich, oh mein Gott, was ist das für ein Mensch!? Er war eigenartig. Sein Herz war stärker als das Herz eines Löwen und zarter als das eines Neugeborenen. Er konnte sehr schnell aufbrausend werden, aber noch schneller vergeben. Ich würde sagen, er war ein gutmütiger Mensch, den alle ausnutzten.

Oft sagte ich zu ihm: „Aber Ivica, sie verkaufen uns für dumm". Aber er erwiderte nur: „Lass sie nur, denn sie wissen nicht, was sie tun. Eines Tages werden sie verstehen. Gott möge ihnen bis dahin verzeihen."

Ivica mochte alles Natürliche, und so kleidete er sich auch. Meistens sah man ihn in Jeans oder im Trainingsanzug. Er mochte keine Anzüge, Krawatten oder Sakkos. Er sagte, dass sie ihn in seiner Bewegungsfreiheit einschränken würden. Er war natürlich und einfühlsam, er konnte sich genauso gut mit einem Bauern, einem Geschäftsmann oder einem Intellektuellen unterhalten.

Manchmal senkte er absichtlich sein Niveau unter das seines Gesprächspartners. Er machte sich nie wichtig und verhielt sich immer wie ein ganz gewöhnlicher Mensch. Seine Gesprächspartner vergaßen gerade deswegen oft, wer Ivica eigentlich war, dass er alles sah, und alles wusste. Sie versuchten dann sich aufzudrängen, ihn von etwas zu überzeugen, sich über ihn zu stellen, ihn zu dominieren und zum Einlenken zu zwingen. Damit begingen sie einen fatalen Fehler.

Er ließ sie gewähren, aber gleichzeitig erfuhr er eine Menge über ihren Charakter.

Er sagte zu mir: „Siehst du, Braco, die Menschen sind nicht gut. Sie glauben dir nur, wenn sie dich brauchen, solange du ihnen hilfst. Aber wenn du sie an dich heran lässt, dann wollen sie dich übertreffen. Sie denken, sie könnten das, was ich tue, lernen. Sie begreifen nicht, dass es ein GESCHENK ist, das man nur bekommen kann, um es weiter zu geben, genauer gesagt, es an andere weiter zu schenken. Aber nicht jeder kann es erhalten. Nur derjenige wird es erhalten, der glaubt und aufrichtig ist, die anderen mit Sicherbait nicht.

Heutzutage glaubt der Mensch, alles sei machbar. Er glaubt, mit Geld alles kaufen und erreichen zu können. Es stimmt, dass man damit viel kaufen kann, zum Beispiel Autos, Häuser, Flugzeuge und Geliebte. Es ermöglicht einem auch, Vergnügungen nachzugehen und zu reisen, aber Liebe, Gesundheit und Glück kann man sich nicht kaufen.

Heute mögen wir noch jung sein, aber die Zeit vergeht und unsere Kerze wird von Sekunde zu Sekunde kleiner. Die Jugendzeit kann man nicht verlängern und jeden Augenblick werden wir etwas älter. Das Leben vergeht, aber nach uns kommt eine neue Generation. So ist es seit Generationen, aber wenn wir alt geworden sind, sagen wir: „Oh Gott, wie das Leben doch schnell vergangen ist. Für wen habe ich mich geplagt, für wen habe ich all das geschaffen, für wen habe ich gelebt!“

Wenn Sie keine Kinder haben, sagen Sie: „Oh Gott, schenk mir bitte Kinder, damit ich Vater, Mutter werde!“ Und dann, wenn Sie sie bekommen haben, sagen Sie nach zehn, fünfzehn Jahren: „Oh Gott, hätte ich sie doch nie geboren!“

Denn einige der Kinder werden zu Kriminellen, Prostituierten oder Drogensüchtigen, und die Eltern fragen sich: „Oh mein Gott, warum ist ausgerechnet mein Kind so geworden? Warum sind die Kinder der Nachbarn anders und besser geraten?!“

Wir fragen uns das zwar, sind uns aber nicht bewusst, dass meistens wir diejenigen sind, die die Schwierigkeiten und Probleme unserer Kinder verursachen. „Wie kann das sein?“, fragen Sie.

Folgendermaßen: Wenn Sie Ihr ganzes Leben lang dauernd unredlich gegenüber anderen gewesen sind, in welchem Sinne auch immer, wirkt sich das direkt auf Ihre Familie und Ihre Kinder aus. Sie haben etwas getan, was Sie nicht hätten tun dürfen, und denken, wenn es niemand gesehen hat, dass es dann auch niemand wüsste. Es mag vielleicht stimmen, dass es kein

Mensch gesehen hat, aber wenn wir glauben, dass wir alleine sind, dann liegen wir falsch. Denn um uns herum weilen ständig Hunderte von Seelen, die einst gelebt haben. Sie verfolgen alles und richten gleich über uns, auch wenn wir uns dessen nicht bewusst sind.

Unser Handeln und unser Verhalten können sich auf unsere Kinder, unsere nächsten Angehörigen auswirken. Es kann passieren, dass eine Person im fortgeschrittenen Alter seinen Hörsinn und seine Sehkraft verliert, Probleme mit der Potenz oder verschiedenen Krankheiten bekommt. Irgendwie hat diese Person das Gefühl, dass sie sich ihrer selbst immer mehr entfremdet. Die gewohnte Umgebung beginnt sie zu meiden und am Ende ihres Lebens weiß sie nicht mehr, warum sie eigentlich gelebt hat.

Niemand ist sich dann bewusst, dass es einfach so kommen musste!!

Bei der Geburt, sobald das Kind zu schreien anfängt, wird seine Kerze des Lebens angezündet.

Auf dieser Kerze steht alles geschrieben, das ganze Leben, von Geburt an bis zum Tod.

Unsere vorherigen Leben sind darauf gespeichert, wie in einem Computer. Nachdem die Angaben über unsere früheren Leben entnommen sind, wird unser neues Leben programmiert Wir sind uns dessen nicht bewusst und wissen nicht, wie unser Leben verlaufen wird...

Ivica hatte Zugang zu diesen Daten, zum Buch des Lebens, aus dem er unsere Daten lesen konnte und uns manchmal einige davon mitteilte.

Natürlich erzählte er nie alles, sondern nur so viel, wie er wollte. Mit dem, was er uns sagte, stellte er uns auf die Probe. Wenn wir ihn ausgelacht hätten, hätte uns unser Schutzengel verlassen und wäre uns nicht zu Hilfe geeilt. Deshalb sagte er immer: „Ihr werdet so viel Hilfe bekommen, so viel wie ihr glaubt, nicht mehr, und nicht weniger!!"

Viele glaubten, sie könnten ihn mit Geld kaufen, aber das war ein großer Fehler. Solche Leute setzte er unweigerlich vor die Tür. Er empfing lieber Arme als Reiche. Er sagte, dass die Reichen nur an das Geld glauben, das für sie wie ein Gott sei.

Es kommt häufig vor, dass steinreiche Leute Kinder haben, die an schweren, unheilbaren Krankheiten leiden. Diese Menschen begreifen nicht, dass böse Kräfte ihnen ihr Geld und ihren materiellen Reichtum verschaffen, aber im Gegenzug die Gesundheit ihrer Kinder nehmen. Sie entziehen den Kindern jegliche Lebenskraft und leiten sie direkt in die Unterwelt. Diese Eltern sind so sehr mit Geldverdienen und sich selbst beschäftigt, dass sie überhaupt nicht bemerken, wie ihre Kinder langsam immer mehr abbauen und von dem Negativen befallen und ausgelaugt werden.

Wenn sie es endlich bemerken, ist es meist zu spät. Die Kinder sind schon infiziert, man hat ihnen ihre

Kraft genommen. Daraufhin suchen die Eltern die teuersten Ärzte auf. Im Glauben, dass sie ihnen helfen könnten, bezahlen sie hohe Geldbeträge. Alles Geld, was sie verdient haben, geben sie für die Gesundheit ihrer Kinder aus, ohne zu wissen, dass sie selbst ihnen dies indirekt angetan haben.

Meistens erhalten sie keine Hilfe, das Kind bleibt krank, und das Geld, das sie größtenteils auf ungesetzliche Weise verdient haben, geht dahin, wie es einst gekommen ist. Die Familie zerfällt allmählich, gibt sich dem Alkohol hin, es kommt zu Streitigkeiten und alles Ersparte ist aufgebraucht. Es bleiben nur Trauer, Krankheit und Schmerz.

So enden also jene, die ihr Leben lang dem Geld nachjagten, die keine Mittel und Wege scheuten, um es zu erlangen. So enden also jene, für die das Geld wie ein Gott war!

Aber urteilen Sie nicht vorschnell, denn vielleicht hätten Sie an deren Stelle genauso gehandelt. Jetzt, aus dieser Perspektive, denken Sie, Sie würden nicht so handeln, aber Sie wissen nicht, was Geld alles bewirken kann.

Die unsichtbare Macht des Geldes kann von Ihnen Besitz ergreifen und Sie beherrschen. Es verleiht Ihnen Sicherheit, und wenn Sie es besitzen, denken Sie, dass Sie alles tun und lassen können und Ihnen alle Türen offen stehen. Ja, es mag stimmen, einige Zeit können

Sie auch alles tun, alles geht Ihnen leicht von der Hand, alle verneigen sich vor Ihnen. Durch das Geld verleihen Ihnen die negativen Kräfte Macht und die Möglichkeit, alles haben zu können. Sie fühlen sich wohl und voller Energie. Alles sieht ausgezeichnet aus. Aber vergessen Sie nicht, diese Kräfte fordern eine Gegenleistung, und zwar Ihnen das zu nehmen, was Ihnen am meisten am Herzen liegt, nämlich die Gesundheit Ihrer Kinder. Sie bemerken es zuerst nicht, und wenn es Ihnen auffällt, ist es meist schon zu spät.

Denken Sie mal in aller Ruhe darüber nach und Sie werden feststellen, dass jeder von Ihnen ein ähnliches Beispiel kennt. Aber vergessen Sie nicht, verurteilen Sie niemanden, denn Sie haben nicht das Recht dazu, sagen Sie lieber: „Gott, vergib ihnen, denn sie wissen nicht, was sie tun!“

Sie sind keine Richter und haben nicht das Recht, sich in das Leben und das Schicksal anderer Menschen einzumischen. Das dürfen nur wenige, auserwählte Menschen.

Ivica hätte einige dieser reichen Leute empfangen können, die damals alles gegeben hätten, damit ihr Kind wieder gesund würde. Er hätte Hunderttausende von Mark verdienen können, indem er ihre Kinder rettete. Er hätte - hat es aber nie getan.

Und weshalb nicht? Weil es bedeutet hätte, dass er seine Kraft und seine Macht, die ihm gegeben waren, verkauft hätte, und dazu hatte er kein Recht. Menschen, die viel Geld besitzen, glauben nur an die Macht des Geldes. Sie waren der Meinung, Ivica würde nichts können, weil er kein Geld verlange. So sind diese Menschen halt.

Ich hoffe, dass Ihnen jetzt etwas bewusster geworden ist, wie mächtig diese negative Energie ist, und wie sehr sie in alle Lebensbereiche der Menschen eindringt.

Der Weg der Wahrheit

Sie alle haben sich sicher schon mal gefragt, was ist das für ein Weg, den unser Ivica gegangen ist? Was war sein Ziel? Was wollte er erreichen?

Dieser Weg ist... der Weg der Wahrheit. Er hat ihn als erster für uns eingeschlagen und jetzt ist es an uns, dass wir ihn weiter gehen. An uns liegt es, zu beweisen, dass er keine schwarze Magie betrieben hat und auch kein selbsternannter Prophet war, als den ihn viele bezeichnet haben.

Was für ein Mensch Ivica wirklich war, sollen Sie gleich erfahren! Wer Ivicas Bücher gelesen hat, weiß es vielleicht bereits. Ich persönlich befinde mich in einer nicht beneidenswerten Situation, denn viele Dinge, die mit Ivica und seinen Weg verbunden sind, kann ich nicht beweisen, und deswegen werde ich Ihnen über vielerlei Dinge noch nichts erzählen. Ich muss noch schweigen und warten...

Aber, wer weiß, vielleicht geschieht etwas Wunderbares, vielleicht träumen Sie etwas, vielleicht bewegt Sie etwas Unsichtbares und bringt Sie in die Srebrnjak-Straße 1, obwohl es mir an Beweisen mangelt.

Alle, die kommen, sind herzlich willkommen! Jene, die aufgeben und einen anderen Weg einschlagen, verurteile ich nicht, sondern wünsche ihnen viel Glück. Vielleicht würde ja auch ich, an ihrer Stelle, das gleiche tun. Falls sie es sich später anders überlegen sollten und zurückkehren, dann sind sie herzlich willkommen.

Ich persönlich, wie auch unsere ganze Gemeinschaft, werde versuchen, dem Weg von Herrn Prokić zu folgen, so wie er es mich gelehrt hat. Wie erfolgreich wir sein werden, weiß ich nicht. Es wird an Ihnen liegen, wie Sie über uns urteilen. Denn Sie erwarten dieselbe Hilfe wie früher, aber ich weiß noch nicht, ob Sie sie bekommen werden. Aber das eine weiß ich bestimmt, dass Sie wieder kommen werden, wenn Sie Hilfe erhalten haben.

Wir aus der Gemeinschaft, die wir jetzt hier sind, werden Ihnen nichts vorspielen und Ivica Prokić imitieren. Er war einfach einzigartig. Wir können nur den Weg fortsetzen, den er eingeschlagen hat, ihm folgen, wie er es uns gelehrt hat. Er hatte Vieles angefangen, aber dann musste er uns leider verlassen.

Jetzt sind wir gefordert, weiterzumachen, denn seine Werke müssen gelesen werden. Wenn wir jetzt aufgeben würden, dann würde er als solcher dastehen, als den man ihn bezeichnet hat. Wir müssen weiter den eingeschlagenen Weg der Wahrheit beschreiten!!

Ich weiß, es wird schwierig sein, und viele werden mich verurteilen. Einige werden denken, ich würde Ivica imitieren und die Früchte seiner Arbeit ernten wollen. Aber ich werde versuchen, all das durchzustehen und standhaft seinem Weg zu folgen, unserem Weg.

Er hat sein Leben für uns gegeben, und ich schulde ihm so viel. Und deswegen springe ich jetzt in ein Feuer, dessen Flammen mich nach allen irdischen Gesetzen verzehren müssten. Wie ich da wieder herauskommen werde, weiß ich nicht. Die Zeit wird es zeigen!

Ich mochte schon immer aufregende Dinge, Herausforderungen, aber das kommt wir fast zuviel vor. Ich werde versuchen, Ihnen zu geben und zu helfen, so viel ich kann, aber ohne Ihren Glauben bin ich, wie auch die restlichen Mitglieder der Gemeinschaft, machtlos. Denn, wenn Sie nicht glauben, kann man die negative Energie, die überall um uns herum herrscht, nicht vernichtend schlagen.

Wahrscheinlich fragen sich viele von Ihnen, ob auch ich einen Spiegel benutzen werde. Die Antwort lautet nein. Er war ein Hilfsmittel von Herrn Prokić.

Er hat Ihnen durch den Spiegel das Schicksal vorhergesagt. Ich werde es nicht auf diese Weise machen, denn das ist mir nicht gegeben. Ich werde es auf eine neue, andere Art tun. Das Wie ist nicht so wichtig. Sie brauchen Hilfe, und nicht, dass ich Ihnen das Schicksal vorhersage. Denn was hätten Sie davon¿!

Sie schwanken ohnehin in Ihrem Glauben. Ich erinnere mich an die Worte unseres lieben Ivicas: „Ich bin keine alte Wahrsagerin, die nur schaut und redet“. Er hatte eine völlig andere Aufgabe und eine andere Vision, als in Ihrem Buch des Lebens zu blättern. Vielleicht haben Sie selbst bemerkt, dass er diese Dinge in letzter Zeit nur unwillig machte, und auch nur, weil er es musste, und nicht, weil er es wollte.

Er war sehr enttäuscht von den Menschen. Oft hatten sie ihn nicht richtig interpretiert und so ein falsches Bild von ihm geschaffen. Er sagte etwas, aber sie verdrehten seine Worte dermaßen, dass alles einen ganz anderen, falschen Sinn ergab. Deswegen wäre es am besten, nicht so viel zu reden, denn viele Menschen glauben ohnehin nicht. Es gab jedoch auch viele, die glaubten und von seinen Kräften überzeugt waren, allerdings erst, nachdem er ihnen geholfen hatte.

Denn wenn sie nicht geglaubt, seine Hilfe gespürt und erhalten hätten, warum wären Sie dann ständig wiedergekommen!¿ Nein, sie wären dann sicherlich nicht mehr gekommen.

Sie wären einmal, vielleicht sogar zweimal gekommen, aber dann hätten sie jemanden anderen gesucht. In Zagreb gibt es Hunderte von Heilern, Bioenergetikern, Astrologen usw. Herr Prokić wurde oft in einem Atemzug mit ihnen genannt und mit ihnen verglichen.

Aber haben Sie je gehört, dass einer von ihnen in einen Spiegel geschaut hat? Dass einer darin das Schicksal, die Vergangenheit, Gegenwart und Zukunft gesehen hätte und gleichzeitig auch helfen konnte wie Ivica? Nein, das haben Sie sicherlich nicht!

Glauben Sie etwa, dass es leicht ist, dreißig Leute auf einmal zu empfangen. Allein schon zu jedem „Guten Tag" und „Auf Wiedersehen" zu sagen, ist ermüdend. Und trotzdem darf man keinen Fehler machen.

Oft waren die Leute nach einem Besuch bei Ivica völlig erstaunt darüber, wie viel Zutreffendes er Ihnen erzählt hatte. Sie fragten sich, wie er das wissen konnte. Er konnte es, weil er Ihre Angaben aus dem Buch des Lebens gelesen hatte. Kaum einer verstand es, eigentlich keiner.

Wenn er mal etwas Falsches gesagt hätte, hätte sich das schnell herumgesprochen und die Leute wären nicht mehr täglich gekommen, man hätte ihn auch nicht mehr zu Veranstaltungen ins Ausland eingeladen.

Ivica lebte, um zu helfen. Ihm gelang etwas Einmaliges. Er schrieb dreizehn Bücher, von denen einige ins Deutsche und Englische übersetzt wurden. Leider erschienen nur einige auf dem afrikanischen Kontinent. Ob auch in Zukunft Ivicas Bücher im Ausland veröffentlicht werden, hängt von Ihnen ab. Wenn Sie Hilfe spüren, werden Sie sie lesen wollen, wenn Sie keine Hilfe spüren, dann nicht.

Der Weg, auf dem wir uns befinden, ist der Weg der Wahrheit. Aber glauben Sie nicht, dass es ein leichter für uns alle sein wird. Jetzt werden wir noch mehr Anfeindungen und zynischen Bemerkungen ausgesetzt sein. Rufen Sie sich einfach Ivicas Worte ins Gedächtnis: „Der Glückliche, auf den man meinetwegen spuckt".

Einige Leute, die Ivica aufsuchten und seine Bücher gelesen hatten, zerrissen sie. Warum taten sie das? Vielleicht, weil es ihnen jemand suggeriert hatte, vielleicht, weil sie es einfach tun wollten, weil sie die Hilfe vergessen hatten, die Ivica ihnen gegeben hat. Machen Sie, was Sie wollen. Wenn Sie die Bücher verbrennen wollen, verbrennen Sie sie. Wenn Sie sie wegschmeißen wollen, schmeißen Sie sie weg. Sie können alle Dinge verbrennen, die Ihnen Ivica gegeben hat. Sie gehören Ihnen. Aber vergessen Sie nicht, dass Sie mal wieder Probleme bekommen könnten.

Niemand hat Sie gezwungen, Ivica aufzusuchen, Sie wollten es, Sie haben es selbst gewollt.

Sie haben gelobt, dem Weg von Herrn Prokić zu folgen, aber Sie sind sich überhaupt nicht bewusst, dass Sie ihn in dem Moment verraten haben, als Sie seine Bücher vernichtet, verbrannt oder weggeschmissen haben.

Seine Bücher sind wie die Möwen, die sich in die Höhe schwingen, und die man unmöglich aufhalten kann.

Die Wahrheit kann man nicht wie Bücher vernichten, sie ist stark und unzerstörbar, früher oder später muss und wird sie erkannt...

Sie können diese Möwen zu Hunderten oder Tausenden vernichten, aber niemals alle. Es wird immer die eine oder andere überleben, und es wird sich immer jemand finden, der ihr Unterschlupf bietet. Noch sind die Möwen schwach, aber bald werden sie erstarken und sich noch kraftvoller zum Himmel hinauf schwingen. Sie, die jetzt auf sie aufpassen, sie pflegen und behüten, werden eines Tages von ihnen behütet werden. Wer weiß, vielleicht wird gerade in diesem Augenblick ein neuer Vogel geboren, der Tausende von Küken in die Welt setzen wird. Wie ihr Schicksal sein wird, das hängt von Ihnen ab, denn Sie sind diejenigen, die sie schützen werden müssen.

Glaubt jeder an Gott?

Viele Wissenschaftler, Heiler und Propheten stellen sich, wie jeder von uns, die Frage, wer ist Gott.

Ich würde sagen, dass jeder von uns Gott auf seine eigene Art erlebt.

Die Wissenschaft glaubt nicht an übernatürliche Phänomene, wie einen Gott. Sie versucht mit unterschiedlichen wissenschaftlichen Experimenten die Entstehung des Lebens auf der Erde und alles Geschaffenen zu beweisen. Viele Menschen glauben aber, dass Gott das Universum erschaffen hat.

Viele glauben, dass Gott die Kirche geschaffen hat, und dass man gerade deswegen dorthin gehen sollte. Denn sie sei das Gotteshaus und dort solle man zu Gott beten.

Viele glauben, es genüge, nur in die Kirche zu gehen, seine Sünden zu beichten, ein Gebet zu sprechen, und alles sei einem dann vergeben, so, als wenn nichts geschehen wäre, als hätten sie nie gesündigt, und wären somit erlöst.

Ich halte alle Varianten für richtig. Die Kirche als Institution besteht schon seit Tausenden von Jahren und es ist sicher, dass es etwas in der Kirche gibt. All das wird von Generation zu Generation übertragen. Und deshalb sollten Sie dorthin gehen, wo Sie sich gut fühlen. Gehen Sie in die Kirche, wenn Sie das wünschen oder ein Verlangen danach haben. Wenn Sie das Gefühl haben, es hilft Ihnen, sollten Sie natürlich gehen.

Viele von uns fragen sich, wie die Erde entstanden ist, wer den Menschen erschaffen hat, und zwar, wie und wann, warum die Ozeane nie austrocknen, warum die Sonne immer scheint?

Schauen Sie, an der Schwelle zum 21. Jahrhundert, in einer Zeit der Hochtechnologie, haben die Menschen noch immer keine Antworten auf diese grundlegenden Fragen erhalten. Wo und woraus begann alles? Sie werden sich fragen, warum es keine Antworten gibt. Weil wir uns von der Natur, und somit von Gott entfernt haben. Wir haben Computer, Atomwaffen, Heizkraftwerke und die Solarenergie, wir versuchen, alles Mögliche künstlich herzustellen, und entfernen uns damit immer mehr und mehr von der Natur.

Ich weiß, Sie werden sagen, dass sie keine Zeit haben für die Natur. Sie haben nicht mal Zeit für einen Spaziergang, denn Sie müssen die Haus- und andere Arbeiten erledigen. Aber ich frage Sie, wieso Sie dann Zeit finden, stundenlang wie angewurzelt vor dem Fernsehbildschirm oder dem Computer u. ä. zu verbringen, oder in verrauchten Cafes zu sitzen und übereinander zu tratschen.

Vor einigen Tagen sah ich im Fernsehen, dass die Technik bereits so weit fortgeschritten ist, dass man nicht mehr in einen Laden zu gehen braucht, um etwas zu kaufen. Es genügt, eine Telefonnummer zu wählen, ein Produkt zu bestellen, und innerhalb kürzester Zeit wird einem die gewünschte Ware nach Hause geliefert.

Mittlerweile wurde der Mikrowellenherd erfunden, in dem das Essen um einige Male schneller zubereitet wird, als es unsere Großmütter taten. Essen, das auf diese Weise zubereitet wird, erscheint verlockend, aber wie gesund es ist und wie viele Nährstoffe es enthält, das wissen wir nicht, und das verrät uns auch die Werbung nicht. Sie informiert uns auch nicht darüber, dass zu hohe Temperaturen alle wertvollen Inhalte zerstören, die unentbehrlich für unseren Organismus sind. Unsere Kinder leben von Hamburger, Hot Dog, Coca-Cola, Sandwich und Pizza. Dieses Fastfood sieht schön und appetitlich aus, aber wahrscheinlich ist es besser, nicht zu wissen, aus welchen Zutaten es zubereitet wird.

Versuchen Sie sich zu erinnern, wann Sie das letzte Mal einfach spazieren gegangen sind, sorgenfrei und unbeschwert. Wir leben in einer stressigen und angespannten Zeit, in der man das Gefühl hat, dass alles gleich explodieren wird.

Es klingt zwar unglaublich, aber ich weiß, dass viele Kinder, die in der Stadt leben, nicht wissen, wie ein Pferd, eine Kuh oder ein Huhn aussehen. Hauptsache ist, dass ein Kind sich mit dem Computer auskennt und einiges über Business weiß. Aber wenn man es fragt, wie denn ein Kirsch- oder Birnbaum aussieht, dann schaut es einen nur verwundert an.

Das ist es also, an was wir Menschen glauben. Die Wissenschaft und die Technologie sind so weit fortgeschritten, dass Waffen geschaffen wurden, mit denen wir alle vernichtet werden könnten. Es reichte aus, dass irgendein Fanatiker auf einen Knopf drückt – und schon hätten wir die Katastrophe. Wir haben Waffen hergestellt, um uns zu schützen. Vor wem denn, wohl vor uns selbst.

Wir sind schlimmer als die Raubtiere! Wir haben Waffen produziert, und jetzt wissen wir nicht, was wir mit diesem riesigen Waffenarsenal machen sollen. Wir versuchen, es zu vernichten. Aber warum haben wir es überhaupt geschaffen!?

Ich würde sagen, dass die Evolution langsam voranschreitet. Sie schafft allmählich, aber einen

Menschen hat sie noch nicht erschaffen. Wenn ich sage, einen Menschen, dann meine ich damit einen Menschen mit guten Eigenschaften, ein aufrichtiges, reines menschliches Wesen, und nicht den Menschen, der heute lebt.

Wir haben uns so sehr von Gott entfernt, beziehungsweise von der Natur, dass wir überhaupt nicht mehr an sie denken, geschweige denn in Einklang mit ihr leben.

Wann sind Sie das letzte Mal im Park oder Wald spazieren gegangen und haben dem Zwitschern der Vögel gelauscht und versucht zu zählen, wie viele unterschiedliche Zwitscherrufe Sie gleichzeitig gehört haben? Sind Sie jemals mit der Hand durch das Gras und die Blumen gestreift oder haben sich an einen Baumstamm gelehnt?

Wenn nicht, versuchen Sie es einmal, denn dann werden Sie einen direkten Kontakt zur Natur wieder herstellen. Sie sind sich gar nicht bewusst, dass in solchen Augenblicken Ihr Organismus gestärkt wird und Sie unmittelbar aus der Natur, also von Gott, Kraft tanken.

Sie sollten sich klar machen, dass auch Sie der Natur entstammen. Erlauben Sie Ihrem Körper, in Berührung mit ihr zu kommen, zumindest hin und wieder. Halten Sie sich in der Natur auf, spazieren Sie in den Wäldern, auf den Grünflächen und Wiesen, atmen Sie tief ein und aus, denn Ihr Organismus ist gierig nach frischer Luft.

Und jetzt möchte ich Sie mit meinen Gedanken vertraut machen, ich will versuchen, Ihnen zu erklären, wie ich Gott erlebe, beziehungsweise die Muttergottes.

Gott ist für mich das Licht. Die Sonne ist die Krone von allem.

Ich weiß, dass Sie noch nichts verstehen, aber Sie werden es mit der Zeit begreifen. Die Sonne ist der Schöpfer, der Quell alles Lebens auf der Erde. Und die Erde, die Erde ist die Muttergottes. Wenn ich Erde sage, meine ich die Erdkugel, und nicht nur die Oberfläche, auf der wir stehen. Die Erde ist alles, der Tisch, der Stuhl, das Auto, das Flugzeug, die Nahrung; alles, was wir anfassen können, entstammt der Erde, beziehungsweise der Muttergottes.

Wenn Sie genauer überlegen, werden Sie feststellen, dass all diese Dinge aus Baustoffen bestehen, die von der Erde stammen. Sogar unser physischer Körper. In dem Augenblick, wenn die Seele den Körper verlässt, wenn die Kerze erlischt, wird unser Körper wertlos, ist nur noch Materie, ein lebloser Gegenstand. Das Gleiche gilt für die Pflanzen. Jede Pflanze hat ihre eigene Lebensdauer. Das gilt auch für ein Haus, eine Wohnung, eine Stadt, einen Staat, also für alles, was geschaffen wurde. Wie lange sie

Bestand haben werden, ist durch das Schicksal vorherbestimmt. Früher oder später wird die Zeit das ihre tun. Ich hoffe, dass Sie mich jetzt wenigstens einigermaßen verstanden haben. Und jetzt gehen wir einen Schritt weiter.

Ich werde versuchen, alles etwas zu vereinfachen. Für mich bedeutet Gott die Sonne, beziehungsweise das Licht, und die Muttergottes ist die Erde. Sie ist allgegenwärtig. Alles, was wir mit den Augen wahrnehmen, ist die Muttergottes.

Wir glauben oft, dass Gott Wunder vollbringt. Manchmal tut er es auch, aber nicht, um den Menschen zu beeindrucken oder zu blenden. Es sind keine spektakulären oder sensationellen Ereignisse, und auch keine faszinierenden Erscheinungen oder Phänomene u. ä.

Seine Wunder scheinen unmerklich und werden im Stillen vollbracht, aber sie sind für die Menschen und diese Welt von vitaler Bedeutung, auch wenn sie sich fast unbemerkt von uns vollziehen. Oft sind wir uns ihrer nicht bewusst. Aber manchmal ist es auch schwierig, bei dieser Flut von ungewöhnlichen Geschehnissen, unglaublichen Situationen, und, wie wir sagen, Zufällen, zu unterscheiden, ob Gott oder die negative Energie sie bewirkt haben.

Denn Gott kann alles, aber vergessen Sie nicht, auch die negative Energie kann alles. Dennoch gibt es etwas, was die negative Energie nicht kann, nämlich Menschen erschaffen. Gott hat den Menschen erschaffen, weil er ihn liebt. Aber die negative Energie liebt ihn nicht und tut alles, damit der Mensch Gott zu hassen beginnt. Deshalb entfernen sich die Menschen immer mehr und mehr von Gott, ohne dass sie sich dessen bewusst sind.

Also, ich habe gesagt, dass Gott, der Schöpfer von allem, die Sonne ist, und die Muttergottes, die Gebärende, die Erde. Man kann es sich folgendermaßen vorstellen. Die Sonne befruchtet mit Hilfe ihrer Strahlen die Erde, die Muttergottes, und auf diese Weise entsteht Leben. Das bedeutet, Gott, die Sonne – erzeugt, und die Muttergottes, die Erde – gebärt.

Sie werden fragen, wie das mit der Befruchtung sei? Genauso wie bei Mann und Frau. Der Mann lässt seinen Samen in die Frau einfließen und daraus entsteht dann neues Leben. So befruchtet auch die Sonne die Muttergottes. Die Sonne sendet ihre Strahlen aus, beziehungsweise wirft sie ab. Sie sind der Samen, der neues Leben erzeugt. Deswegen ist für mich die Sonne der Schlüssel für alles.

Sie wacht unaufhörlich über die Muttergottes und beschützt sie. Wir Menschen haben noch nicht die Kraft und Stärke der Sonne kennen gelernt. Wir sind uns überhaupt nicht bewusst, wie gefährlich sie ist.

Gott ärgert sich über den Menschen, weil er sich immer weiter von ihm entfernt. Wir leben alle in der Erwartung, dass sich etwas Großes ereignen wird. Wir warten auf das Jüngste Gericht. Es wird etwas geschehen und die Sonne wird ihre Strahlenwirkung verstärken. Sie wird die Menschen bestrafen, denn sie glauben nicht an Gott. Es wird zu großen Umweltverschmutzungen und Dürren kommen. Die Flüsse und Seen werden austrocknen, die Vulkane wieder aktiv werden, und die Menschen werden nach und nach verschwinden.

Diejenigen, deren spiritueller Führer frei sein wird, werden gerettet. Mit Hilfe seiner Intuition werden sie gerettet, aber für die anderen, die jetzt stehlen, rauben und töten, wird es keine Rettung geben. Nach dem Tag des Jüngsten Gerichts werden Glück, Liebe und Wohlstand herrschen. Danach wird der längst verloren gegangene Kontinent Atlantis auftauchen, die Schwester der Muttergottes. Gott hat sie isoliert und an einen sichern Ort gebracht und sie so gerettet. Das Meer wird seine Geheimnisse lüften, denn noch weiß niemand, was genau sich in den Tiefen der Ozeane verbirgt. Nord- und Südpol werden einige unbekannte, gut gehütete Wahrheiten beisteuern. Die Erde birgt viele Geheimnisse, von denen die Menschen keine Ahnung haben. Viele fragen sich, wie es möglich sei, dass die Menschen noch nicht all diesen Geheimnissen auf die Spur gekommen sind. Sie konnten sie nicht entdecken, denn die Menschheit ist, im Vergleich zu Gott, ein Nichts. Sie kann nur so viel, wie ihr Gott zugesteht. Aber jetzt kommt das Ende von allem. Die Wahrheit muss erkannt werden. Jeder wird nach seinem Handeln beurteiltet werden. Bei unserer Geburt drückt Gott jedem von uns seinen Stempel auf, danach unterscheidet er uns und verfolgt unser Leben. In dem Augenblick, wenn eine Mutter nach der Geburt ihres Kindes dessen ersten Schrei hört, wird der Körper vom Geist beseelt. Im Himmel wird eine Kerze für das Kind angezündet, und so beginnt sein Leben. Begreifen Sie, dass der Körper ohne Geist ein Nichts ist.

Ist es Ihnen schon mal passiert, dass Sie etwas gesagt haben, aber sich nicht bewusst waren, was Sie da eigentlich sagten? Oder dass Sie nervös und unruhig waren, ohne einen ersichtlichen Grund? Gelegentlich kommt es vor, dass sich das Befinden einer Person mehrere Male im Verlauf eines Tages verändert, mal ist man traurig, dann wieder fröhlich, einmal müde, dann wieder voller Tatendrang. Haben Sie sich je gefragt, warum das so ist, was da in uns vorgeht, und wer manchmal aus unserem Mund spricht? Also gut, ich werde Sie aufklären. Die Seelen von Verstorbenen besuchen uns hin und wieder, ergreifen Besitz von uns, sprechen durch uns, beeinflussen uns. Je nachdem, welcher Geist uns besucht, dementsprechend verhalten wir uns. Wenn wir ausgesprochen extremen Verhaltensänderungen und Stimmungslagen ausgesetzt sind, bedeutet dies, dass uns extrem unterschiedliche Geister besuchen. Diese Erklärung mag für Sie unglaublich und seltsam klingen, aber sie entspricht der Wahrheit.

Unser Ivica hat versucht, diese negative Energie zu neutralisieren und uns die positive einzuflößen.

Alles, was ich sage und schreibe, gehört zu dem Weg, dem ich folge, und den unser Ivica eingeschlagen hat. Er war die Grundlage, das erste Glied in der Kette, an das sich alle anderen anreihen. Und wir sind diese anderen Glieder, die folgen, wir müssen über ihn sprechen und die Wahrheit verbreiten, denn die Wahrheit ist die beste und stärkste Waffe.

Gott verfolgt und notiert alles aufmerksam, und glauben Sie ja nicht, dass er uns verlassen wird. Wenn wir glauben, dass es für uns keine Rettung, keinen Ausweg mehr gibt und wir am Ende unserer Kräfte sind, wird etwas passieren, etwas Unmerkbares, aber Schicksalträchtiges, und wir werden gerettet werden. Wichtig ist, zu glauben, aber oft stellt sich die Frage, an was, wo heutzutage fast jeder nur an die Macht des Geldes glaubt. Sie werden sagen, dass man ohne Geld nicht leben kann. Das stimmt, aber wir müssen das Geld beherrschen, und nicht das Geld uns. Denn der Mensch hat das Geld erschaffen, nicht das Geld den Menschen.

Ich weiß, dass diese Krise, in der wir momentan leben, eines Tages vorbeigehen wird, denn nach jedem Regen kommt wieder Sonnenschein. Die Krise herrscht nicht nur bei uns, sondern in der ganzen Welt. Aber wir müssen begreifen, dass der Mensch an allem selbst schuld ist und jetzt dafür büßen muss. Die Menschen sind gehässig und intolerant, aus lauter Hochmut wissen sie nicht, was sie mit sich selbst anfangen sollen.

Aber die Zeit der Reinigung naht und all dem wird ein Ende bereitet werden. Nur die Auserwählten werden gerettet werden. Deshalb fordere ich Sie auf, lieben Sie sich, lieben Sie alle, nicht nur ihre Nächsten, lieben Sie auch Ihre Feinde und sähen Sie keinen Hass.

Erinnern Sie sich, was uns Ivica gelehrt hat. Helfen Sie zuerst anderen, und dann erst sich selbst. Und wenn Sie merken, dass andere sie für dumm verkaufen, lassen Sie sie gewähren und sagen Sie: „Oh Gott, vergib ihnen, denn sie wissen nicht was sie tun!" Die Wahrheit ist, dass diese Leute in einem solchen Augenblick unter dem maximalen Einfluss der negativen Energie stehen, sie sich selbst aber dessen überhaupt nicht bewusst sind. Urteilen Sie nie über andere, weil sie dadurch Gott spielen würde. Mögen jene über sie urteilen, denen es gegeben ist.

Versuchen wir dieses Leben würdevoll zu leben und zu beenden, damit sich unsere Nachfahren nicht unserer schämen müssen, sondern stolz auf uns sein können. Denn während sie erwachsen werden, wird unsere Kerze niederbrennen und erlöschen, und dann werden wir, beziehungsweise unsere Seele, ihnen beistehen, genauso wie unsere Vorfahren, beziehungsweise deren Seelen, uns beigestanden sind.

Und jetzt, am Ende dieses Kapitels, sollten wir uns fragen, jeder für sich, ob wir wirklich an Gott glauben!¿ Denn wir sind überall von Gott umgeben. Er ist überall dort, wo wir möchten, dass er ist.

Es genügt nicht, nur dann zu glauben, wenn es uns schlecht geht, im Gegenteil, wir sollten zu unserem Schöpfer beten und ihm danken, auch wenn es uns gut geht. Dann wird es uns gelingen, die negative Energie, beziehungsweise die negativen Geister, die uns umgeben und in uns dringen, zu vertreiben. Dann werden sie uns immer seltener heimsuchen und immer weniger Macht über uns ausüben.

Gott ist das Licht, er umgibt uns überall, und dieses kleine Stück Gold, das wir tragen, sei es ein Ring, ein Kettchen oder ein Armreif, sollten wir achten, denn durch das Gold begleitet uns Gott und steht uns bei.

Aber eines Tages werden diese schlechten Zeiten vorübergehen, und bei uns werden Frieden, Liebe und Wohlstand herrschen.

Warum muss der Mensch existieren?

Ich bin mir sicher, dass es keine Person auf dieser Welt gibt, die sich nicht wenigstens einmal die Frage gestellt hat: „Warum bin ich geboren und welchen Sinn hat mein Leben? Ich lebe, mühe mich ab, baue etwas auf, aber alles, was ich geschaffen habe, wird eines Tages zerstört werden".

Ja, meistens ist das der Fall. Die einen bauen etwas auf, und die anderen zerstören es.

Der Mensch ist ein irdisches Wesen und muss existieren, wie auch die Tiere und Pflanzen, wie das Wasser, wie eine Stadt oder ein Dorf, wie alles Geschaffene.

Alles ist miteinander verbunden, und das eine kann ohne das andere nicht existieren. Weder kann der Mensch ohne die Tierwelt existieren, noch die Tierwelt ohne den Menschen.

Sie werden fragen: „Wieso?“

Der Mensch braucht das Tier für seine Nahrung, Schuhe, Kleidung und auch für seinen Zeitvertreib. Andererseits braucht manches Tier den Menschen, ist abhängig von ihm. Er sorgt für Unterkunft und Futter, pflegt es, wenn es krank ist, bietet ihm Wärme, Aufmerksamkeit und Liebe, die das Tier ihm zurückgibt, wenn es der Mensch am wenigsten erwartet.

Manchmal mag es Ihnen vorkommen, als würde Ihre Welt zusammenbrechen, Trauer überkommt Sie, Sie haben das Gefühl, dass alle Sie verlassen haben und niemand Sie versteht. Dann steht Ihnen das Tier bei, um das Sie sich gekümmert haben, als fühle es Ihren Schmerz, stimmt Sie fröhlich und weicht nicht von Ihrer Seite, bis sich Ihr Zustand gebessert hat und Ihr Glaube an das Leben und ein besseres Morgen zurückgekehrt ist. Im Unterschied zu den Menschen, wird ein Tier, z. B. ein Hund, Sie nie verraten oder verlassen.

Diejenigen, die ein Tier haben, wissen wahrscheinlich, worüber ich rede.

Ebenso ist es mit den Pflanzen, auch ohne sie könnten wir nicht leben. Sie produzieren Sauerstoff, und ohne Sauerstoff gäbe es kein Leben. Aber die Menschen zerstören die Natur, roden und zerstören die Wälder, ohne daran zu denken, dass die Wälder die Lunge der Erde sind. Sie denken nicht an das Morgen, an die Zukunft, an die Luft, die unsere Nachkommen atmen werden müssen.

Wasser ist außergewöhnlich wichtig und auch dort gibt es Leben, aber in der Unterwasserwelt gelten andere Regeln. Gott hat auch im Wasser eine Tier- und Pflanzenwelt erschaffen, in den Flüssen, Seen, Meeren usw.

Aber der Mensch wäre nicht der Mensch, wenn er nicht versuchen würde, auch dort einzudringen und auch diese Welt zu beherrschen, was ihm allerdings noch nicht vollständig gelungen ist, weil es ihm nicht gegeben ist. Gott gewährt dem Menschen noch keinen Einblick in die verborgenen Geheimnisse in den Tiefen der Meere.

Menschen, Tiere, Pflanzen, die Erde und das Wasser sind die Glieder in der Kette des Lebens. Jedes dieser Glieder ist unverzichtbar, damit es Leben auf der Erde gibt. Aber die Menschen sind der Ansicht, dass sie am wertvollsten sind, und dass es auch ohne alles ein Leben geben könnte, außer ohne sie. Sie sind sich nicht bewusst, dass alles, was das Leben betrifft, im Himmel vorherbestimmt ist, nämlich das Wann, Wie und Wie lange.

Jede Zeit und jede Zivilisation tragen das ihre dazu bei. Die eine vergeht, die andere entsteht. Vor einigen tausend Jahren lebten die Menschen anders als heute, fuhren kein Autos, flogen nicht mit Flugzeugen und wohnten nicht in komfortablen Häusern. Damals waren die Menschen der Natur, beziehungsweise Gott, treu und ergeben. Sie rannten nicht jeden Tag zum Arzt. Schauen wir uns doch nur um, auf Schritt und Tritt Ambulanzen, Apotheken, Krankenhäuser. Fragen Sie Ihre Großmütter oder Urgroßmütter, viele von ihnen waren nie in ihrem Leben bei einem Doktor oder Zahnarzt. Sie brauchten sie einfach nicht, wohingegen die heutigen Kinder, schon bevor sie in die Schule gehen, angegriffene Zähne haben. Groß sind die Unterschiede von damals zu heute, vieles hat sich leider zum Schlechten hin entwickelt, woran wir allerdings selbst schuld sind, was wir uns aber nicht eingestehen wollen.

Wir beklagen uns, dass wir so wenig Freizeit haben, und dann schenken wir diese wenige Freizeit auch noch direkt den negativen Mächten. Wir lassen uns von vielen Dingen verführen, die uns diese Mächte schenken. Ihr Ziel ist es, uns zu berauschen und unsere Aufmerksamkeit von den wahren Werten abzulenken.

Die Welt treibt steuerlos dahin, das Gespür für das Gute geht verloren, es herrschen Kriege, Krankheiten und das Böse. Es kommt zu Dürren, Überschwemmungen und ähnlichen Naturkatastrophen.

Gott schaut nur zu, beobachtet und lässt die Menschen so leben, wie sie wollen. Wie lange wir so weiter leben werden, hängt allein von uns selbst ab.

Wir sind so, weil wir wie hypnotisiert sind. Unser wahres Wesen, unser Geist, schläft, aber wir sind uns dessen nicht bewusst.

Unser Handeln, unsere Taten und unser Verhalten sind durch das bedingt, was wir in unserer Umwelt wahrnehmen. Wir sind dem Einfluss der äußeren, materiellen Welt hilflos ausgesetzt, und dadurch vernachlässigen wir unser inneres Ich. Wir folgen nicht unserer Intuition, was wir jedoch tun sollten.

Wir sind uns nicht bewusst, dass wir uns, indem wir so funktionieren, selbst einsperren, und unserem Organismus nicht erlauben, sich von der negativen Energie zu befreien, die sich in unserem Körper als Folge des Einflusses unserer materialistischen Wirklichkeit angesammelt hat.

Folglich werden wir nervös, angespannt und intolerant. Wir schreien einander an, meistens ohne wirklichen Grund. Oft verhalten wir uns so, bemerken es aber gar nicht, bis uns jemand darauf aufmerksam macht. Dann hören wir damit auf und wundern uns, was mit uns los ist, und warum wir so aggressiv und streitsüchtig sind¿!

Wir verhalten uns so, weil wir in solchen Augenblicken von einem negativen Geist verführt werden, vom Geist eines Menschen, der einst gelebt hat, und der jetzt in uns ist. Deshalb sind wir uns nicht bewusst, was wir sagen und wie wir uns verhalten.

Unser Körper ist wie ein Filter, durch den unaufhörlich Energie strömt. Aber wir wissen nicht, wann es die positive, und wann es die negative Energie ist. Wenn wir nervös und angespannt sind, wenn uns alles auf die Nerven geht, ohne dass wir den Grund dafür kennen, dann fließt durch unseren Körper die negative Energie. Oder noch einfacher ausgedrückt, in diesen Momenten ist ein negativer Geist in uns, der früher gelebt hat, und der jetzt versucht, durch uns Böses anzurichten, Streitigkeiten zu entfachen, Hass zu verbreiten und andere Menschen zu verführen.

Wir sind uns in diesen Momenten nicht bewusst, dass wir von diesen negativen Mächten als Medium missbraucht werden, und dass wir uns so fühlen werden, solange sich dieser Geist in uns befindet. Wie lange dieser Zustand andauern wird, hängt von uns selbst ab.

Normalerweise fällt uns ein negatives Verhalten bei anderen Leuten sofort auf, nur bei uns selbst nicht, denn von uns selbst denken wir, dass wir unfehlbar und vollkommen sind. Alle anderen mögen Fehler machen, aber doch nicht ich, denkt jeder von sich selbst.

Jetzt drängt sich Ihnen wahrscheinlich die Frage auf, was soll man in solchen Momenten tun? Wie diesen Leuten helfen, beziehungsweise, wie kann man sich selbst helfen.

Voraussetzung ist, dass Sie mit den Personen, die sich in einem solchen Zustand befinden, nicht in Streit geraten, denn dies ist das Bestreben der negativen Energien.

Falls es dieser Person gelingt, Sie zu provozieren und Sie die Geduld verlieren und es zu einem Konflikt kommt, dann hat die negative Energie ihr Ziel erreicht. Dann haben auch Sie die Kontrolle über sich verloren, geraten unter den Einfluss derselben Energie und der negative Geist springt auf Sie über. Und so breitet sich das Negative von einem auf den anderen aus, von einer Person auf die andere.

In solchen Situationen ist es am besten, konzentriert und ruhig zu bleiben. Man sollte versuchen, auf jede Provokation und jedes hässliche Wort mit Liebe zu reagieren.

Sie werden sich fragen, wie soll ich liebevoll sein, wenn mich diese Person beleidigt, hasst und mir Übles wünscht?!

Weil Sie sie gerade dann aufrichtig LIEBEN. Wenn Sie sie aufrichtig und von Herzen lieben, dann werden Sie ihr helfen. Der negative Geist wird aus ihr weichen, weil er sein Ziel nicht erreicht hat. Ihre Liebe hat ihn entwaffnet, ihn besiegt, und niedergeschlagen sucht er das Weite. Daraufhin kehren das Glück, die Liebe und der Wohlstand zurück. Und je öfter dieser Geist eine Niederlage einstecken muss, desto seltener wird er Sie wieder heimsuchen!

Versuchen Sie niemals Leute, die in einer solchen Situation sind, zu verurteilen, sondern versuchen Sie lieber, ihnen zu helfen, denn Sie selbst könnten vielleicht schon morgen etwas Vergleichbares durchmachen. In dem Moment, in dem die negative Energie Liebe spürt, flüchtet sie. Sobald der negative Geist geflohen ist, geht es der betroffenen Person besser, sie fühlt sich wohler, als ob nichts geschehen wäre, und oft ist sie sich ihres Verhaltens und ihrer ausgesprochenen Worte nicht bewusst.

Einem Menschen in einer Notlage beizustehen, ihn nicht zu verurteilen oder zu kritisieren, ist eine Tugend, die nur wenige Menschen besitzen. Sie heißt LIEBE! Aber warum einfach, wenn es auch kompliziert geht. Das ist die Logik des heute lebenden Menschen. Als wäre es sein Ziel, komplizierter zu sein als er ist, wenngleich er nicht weiß, warum eigentlich. Vielleicht ist er der Ansicht, dass er dann interessanter wirkt und ihm mehr Beachtung geschenkt wird, wobei er aber nicht bemerkt, wie jämmerlich und verloren er dadurch eigentlich wird.

Die Menschen sind noch immer in einer Art Schlafzustand und werden es auch bleiben, bis sie endlich begreifen, dass sie sich wieder mehr der Natur zuwenden müssen, denn in der Natur beginnt alles, und mit ihr endet alles. Die Natur hat uns geschaffen, und nicht wir die Natur.

Wenn wir das begreifen und zu ihr zurückkehren, ihr wieder unsere Aufmerksamkeit widmen, dann wird alles anders werden. Wir werden das Leben und unsere Umwelt mit anderen Augen sehen, aber bis es soweit ist, werden wir uns in diesem Bannkreis drehen, diesem Kreis ohne Ausgang...

Wer ist schuld daran?! Wir, denn wir haben es selbst so gewollt. Nicht wahr?!

Bracos Eintreffen auf Srebrnjak

Jetzt werde ich versuchen, Ihnen zu erzählen, wie ich nach Srebrnjak gekommen bin. Zuvor aber noch einige Worte zu meiner Person.

Ich wurde am 23.11.1967 in Zagreb geboren, um 6 Uhr 15. Ich schloss die Handelsschule in Zagreb ab und studierte anschließend Ökonomie. Nach dem vierjährigen Studium diplomierte ich, machte dann das Postdiplomstudium und erhielt mit 24 Jahren den Titel Magister der Wirtschaftwissenschaften.

Auf den ersten Blick hat dies alles nichts mit meiner jetzigen Lebensart und Arbeit zu tun. Aber ich musste erst die Schule abschließen und diese Phase meines Lebens durchmachen.

Sofort nach Abschluss der Hochschulausbildung gründete ich eine Privatfirma. Dabei half mir mein

Vater, der sein Wissen und seine Erfahrung mit großer Liebe und Hoffnung nach und nach an mich weitergab, seinen einzigen Sohn.

Genau betrachtet lebte ich nicht schlecht. Im materiellen Sinn besaß ich alles, was man sich nur wünschen konnte. Ich machte Reisen und fuhr schnelle, luxuriöse Autos, wie Mercedes, Audi und Porsche. Mit Freunden und Mädchen besuchte ich teuere Restaurants und Diskotheken. Einfach super, könnte man sagen.

Aber nichts von alledem erfüllte mich. Alles kam mir leer und irgendwie anspruchslos vor. Ich mochte die Reichen nicht, diesen Jetset. Ich ging zwar mit ihnen aus, aber mir gefielen die Orte nicht, die sie besuchten. Ich liebte neue, aufregende und selbst gefährliche Situationen. Alles, was mit Natur zu tun hatte, und nicht mit materiellen Dingen.

Mit der Zeit wurde mir immer klarer, dass diese schale, materielle Welt nicht die meine war. Ich fand sie abstoßend und begann mich buchstäblich vor ihr zu ekeln.

Aber ich musste das alles durchstehen, bevor ich nach Srebrnjak ging. Alles erst mal kennen lernen, eigene Erfahrungen in dieser Welt machen, in der man einen nach dem Markennamen seines Anzugs und seiner Schuhe, nach den Typ seines Autos und nach der Größe seiner Brieftasche bewertet. Eine Welt, in der außer materiellen Werten absolut nichts anderes zählt. Um in diese feine Gesellschaft aufgenommen zu werden, braucht man eine Art Eintrittskarte, ein bestimmtes „Pedigree". Ich war einige Zeit mit ihnen zusammen, aber irgendwann stand mir das alles bis zum Hals.

Ich glaube, dass ich schon immer ein Sonderling für meine Umgebung war. Ich lebte in meiner eigenen Welt.

Der eine oder andere wird fragen, warum ich erst diese Erfahrungen machen musste, bevor ich nach Srebrnjak kam. Hätte ich sie nicht schon hinter mir, würde vielleicht in Zukunft etwas davon meine Aufmerksamkeit erregen. Vielleicht hätte ich dann später diesen Weg einschlagen wollen. Aber für mich war das mit 26 Jahren abgehakt.

Es war eine wertvolle Erfahrung! Heute kann ich auf Anhieb erkennen, wer welcher Gesellschaftsschicht angehört, was für ein Typ jemand ist. Mit Geld kann man mich nicht kaufen, denn Geld bedeutet mir einfach NICHTS. Geld ist für mich etwas, für das Leute sich gegenseitig Böses antun. Es säht nur Hass, Neid und Missgunst. Seinetwegen sterben Menschen und bringen sich gegenseitig um.

Andererseits weiß ich natürlich, dass man ohne Geld nicht leben kann. Aber wichtig ist, nicht zuzulassen, dass das Geld uns beherrscht und wir unter seinen Einfluss geraten. Wichtig ist, dass wir das Geld im Griff haben, und nicht das Geld uns. Aber leider ist es meistens umgekehrt.

Sobald jemand über immer mehr Geldmittel verfügt, beginnt er sich zu verändern, er fühlt sich irgendwie sicherer und glaubt, dass ihm niemand etwas anhaben kann. Ich sage Ihnen das aus eigener Erfahrung. Aber Sie sollten begreifen, dass Geld vergänglich ist. So wie es kommt, so geht es auch. Falls Sie es nicht selbst ausgeben, werden es Ihre Kinder tun, wenn Sie es am wenigsten erwarten.

Deshalb sollten Sie nicht um Ihr Geld bangen und immer mehr wollen. Versuchen Sie, normal und unbeschwert zu leben. Versuchen Sie, so zu bleiben, wie Sie waren, als Sie noch kein Geld hatten. Wenn Ihnen das gelingt, dann sind Sie im Vorteil, denn Sie haben die Macht über das Geld.

Und was ist mit denen, die von der Hand in den Mund leben, die eine Rente erhalten, die nicht mal für das Nötigste reicht, für das Essen und Wohnen. Die Menschen, die so leben, befinden sich in einer solchen Lebensphase und sie müssen diese einfach überwinden und überleben.

Sie haben kaum Geld, aber sehr häufig besitzen diese Menschen ein warmes Herz und eine gute Seele. Sie werden Sie immer trösten, wenn es Ihnen schlecht geht, und ein aufmunterndes Wort finden, das Ihnen im Augenblick viel bedeuten wird. Beobachten Sie sie, und Sie werden feststellen, dass sie viel ausgeglichener und fröhlicher sind als die Reichen, obwohl sie nichts besitzen.

Ihr Schutzengel beschützt sie, und wenn es ihnen am schlechtesten geht, in den schlimmsten Momenten, geschieht etwas Schönes, etwas, was ihnen hilft. Das bedeutet, dass Gott sie nicht im Stich lassen wird. Es wird der Tag kommen, an dem auch für sie die Sonne scheinen und sie erleuchten wird.

Wenn ich mir die heutige Jugend ansehe, stelle ich fest, wie sehr sich die junge Generation verändert.

Um sie herum nur Drogen, Alkohol und Geld, weiter nichts. Sie ernähren sich von Fastfood, Hot Dog, Hamburger und Pizza, und wenn sie dann psychisch oder physisch erkranken, fragen wir uns, wie es passieren konnte. Schauen Sie sich diese jungen Menschen nur an, sie schlafen den ganzen Tag, arbeiten nichts, sind blass, kraftlos und immer müde. Und warum?

Weil ihnen die negative Energie die Kraft entzieht und ihnen im Gegenzug ermöglicht, sich in Diskotheken und Cafes bei Drogen und Alkohol zu vergnügen. Die Jugendlichen sind sich nicht bewusst, dass die Nächte, die sie in dunklen, verrauchten Räumen bei zu lauter, schwermütiger und destruktiver Musik verbringen, Nächte sind, in denen sie sich den negativen Mächten ausliefern. Ihr Geist ist dann wie blockiert oder hypnotisiert, sie nehmen nicht wahr, was um sie herum alles abläuft.

Wir sollten ihnen nicht die Schuld daran geben, denn sie sind sich dessen nicht bewusst. Sie wissen nicht, dass ihnen die Lebensenergie entzogen wird und sie beginnen zu sinken. Je mehr sie sich der negativen Energie überlassen, desto tiefer sinken sie, um schließlich ganz zu versinken.

Es passiert einfach so, ganz überraschend. Die negativen Mächte liegen ständig auf der Lauer, das ganze Leben lang. Ihr Kind ist in der Grundschule ein ausgezeichneter Schüler, ein liebes, nettes und gut erzogenes Kind, ein wahrer Engel. Sie loben es gegenüber allen, auch gegenüber Leuten, bei denen Sie es besser nicht tun sollten, weil Sie stolz auf Ihr Kind sind. Aber Sie wissen nicht, dass es Leute gibt, die das stört, die neidisch auf Sie und Ihr Glück sind. Sie tun so, als seien Sie Ihre besten Freunde, aber tun alles, um Ihrem Liebling, Ihrem Kind, Schaden zuzufügen.

Sie werden vielleicht sagen, dass das unmöglich sei, aber es ist möglich. Solche Menschen wirken schrittweise negativ auf Ihr Kind ein, was Sie allerdings nicht bemerken, denn wie sollten Sie auch. Die Zeit vergeht, Ihr Kind kommt in die Mittelschule, und Sie beginnen langsam zu bemerken, wie sich Ihr Kind verändert. Es beginnt sich zurückzuziehen, die

Eltern gehen ihm auf die Nerven, es fühlt sich unverstanden. Wenn Sie versuchen, mit ihm zu reden und ihm den richtigen Weg zu zeigen, wird es Sie für seinen größten Feind halten. Aber das ist erst der Anfang. Sie ziehen sich dann zurück und sprechen mit Ihrem Ehepartner, gehen in die Schule, und erleben dort ein totales Fiasko. Sie erkennen Ihr Kind nicht wieder. Von den einstigen ausgezeichneten Noten keine Spur mehr, stattdessen mangelhafte, wenn nicht gar ungenügende Noten, und häufiges, unentschuldigtes Fernbleiben vom Unterricht. Sie begreifen, dass Ihr Kind zu einem Problemfall geworden ist, nicht nur für Sie, sondern auch für seine Lehrer und Mitschüler.

Daraufhin verlieren die Eltern die Kontrolle über sich und das Kind. Es wird immer schlimmer, sie können es nicht mehr beruhigen, es nicht mehr dazu bringen, dass es sich normal verhält, und müssen Hilfe bei einem Arzt suchen.

Oft endet ein solches Kind in einer psychiatrischen Anstalt. Dort bekommt es Medikamente, die es für eine Weile ruhig stellen. Der Körper gewöhnt sich aber allmählich an die Medikamente, und nach einiger Zeit kann es ohne sie nicht mehr funktionieren, es ist von ihnen abhängig geworden.

Einerseits hilft ein Medikament, beruhigt uns, aber andererseits wissen wir alle, dass Medikamente auch negativ auf unseren Organismus wirken. Jedes Medikament hat also positive und negative Auswirkungen. Ich will damit sagen, dass man die Ursachen, und nicht die Folgen, behandeln muss. Wenn eine Krankheit erst einmal auftritt, dann ist es oft schon zu spät.

Ich habe nicht die Absicht, etwas gegen die Medizin zu sagen, denn sie wurde auch von Gott geschaffen, und man soll sie respektieren, wie auch die Ärzte.

Es ist nicht leicht, Arzt zu werden, denn man muss mehr als ein Jahrzehnt mit Büchern verbringen, bevor man den Kampf um die Gesundheit der Patienten aufnehmen darf. Die Ärzte haben sich entschlossen, ihr Leben und ihr Wissen anderen zu widmen. Ihre Bestimmung ist es, Menschen zu heilen. Sie werden gebraucht und sind ein Glied in der Kette des Lebens. Jeder Berufszweig ist ein Teil dieser Kette und jeder ist auf seine Weise wichtig.

Aber jetzt will ich fortfahren, Ihnen zu erzählen, wie ich in die Srebrnjak-Straße 1 gekommen bin!

Am 08.10.1993, gegen 14 Uhr, schaute ich zusammen mit meinem Vater im Fernsehen Tennis, während meine Mutter sich hastig fertig machte, um auszugehen. Ich fragte sie, wohin sie gehe. Sie sagte, sie habe keine Zeit für große Erklärungen und eilte davon. Mein Vater und ich sahen uns nur an, zuckten mit der Schulter und dachten, typisch Frau.

Als sie nach etwa einer Stunde ganz außer Atem zurückkam, verlangte sie ein Photo von mir. Irritiert fragte ich sie, wofür sie es brauchen würde. Sie sagte, dass es auf Srebrnjak einen Menschen gäbe, der alles sehe und alles wisse. Wenn man ihm ein Foto von einer Person bringe würde, könne er einem alles über diese Person erzählen.

Ich dachte, meine Mutter sei verrückt geworden, zu solchen Leuten zu gehen. Ich sagte ihr, das seien alles Scharlatane, und ich würde an so etwas nicht glauben. Trotzdem gab ich ihr ein Bild von mir, um meine Ruhe zu haben. Mein Vater und ich sahen uns nur wieder an und meinten, sie sei etwas naiv und wisse von nichts.

Gegen 18 Uhr kam meine Mutter zurück. Gleich als sie ins Zimmer kam, sagte sie, der Mann, bei dem sie gewesen sei, hieße Ivica Prokić, und er wüsste alles und hätte ihr alles über mich erzählt. Ich fragte: „Aber was kann er denn über mich wissen?“ Überhaupt nichts, dachte ich.

Ich bemerkte, dass sie ein gelbes Buch in der Hand hielt und fragte sie, was das sei. Sie sagte, es sei ein Buch, das er geschrieben und mit einer Widmung versehen habe, und wenn man es lese, würde man sich besser fühlen.

Zu diesem Zeitpunkt machte ich mir ernsthaft Sorgen um den Gesundheitszustand meiner Mutter. Ich dachte, sie sei verrückt geworden und sagte laut: „Oh mein Gott, warum musste das ausgerechnet meiner Mutter passieren?!“ Sie war verärgert, legte das Buch auf den Tisch und sagte: „Also gut, du glaubst nicht daran, aber wenn du willst, kannst du es trotzdem lesen". Ich lachte und sagte: „Ich habe besseres zu tun, als das Buch eines Idioten zu lesen!"

Aber nach einiger Zeit nahm ich es doch aus lauter Neugierde in die Hand. Als ich ein Bild von Ivica sah, dachte ich: „Oh mein Gott, bei welchem Zigeuner ist sie da gelandet! Er glaubt wohl, ein cooler Typ zu sein, wenn er sich mit all dem Gold behängt¿!"

Ohne groß zu überlegen legte ich das Buch wieder beiseite und begann die Zeitung zu lesen. Aber nach einer Weile erweckte etwas in mir Interesse, so dass ich das Buch erneut in die Hand nahm und darin zu blättern begann.

Als ich die erste Seite gelesen hatte, wollte ich etwas mehr über diesen Mann erfahren, aber dann erinnerte ich mich, dass ich ihn kurz zuvor noch als Idioten und Zigeuner bezeichnet hatte. Sie können sich vorstellen, wie ich mich fühlte. Ich wollte unbedingt etwas mehr erfahren, aber wie¿ Die einzige Person, die mir etwas über ihn sagen konnte, war meine Mutter. Sie hatte, so wie Mütter halt sind, zum Glück sofort bemerkt, dass es mir Leid tat. Sie kam zu mir und sagte: „Lies das Buch, und danach werden wir, wenn du willst, zusammen zu ihm gehen". Sie hatte kaum den Satz vollendet, schon war ich in meinem Zimmer und las das Buch, oder besser gesagt, ich verschlang es. Ich las es in einem Atemzug.

Danach rannte ich wie ein kleines Kind zu meiner Mutter und fragte sie, wann wir zu Ivica gehen würden. Sie sagte, am Montag könnten wir gehen. Mir kam es lange vor, noch eine ganze Woche warten zu müssen, aber ich freute mich darauf, diesen Mann kennen zu lernen.

Am 11.10.1993, gegen 9 Uhr, kam ich zum ersten Mal zusammen mit meiner Mutter in die Srebrnjak-Straße 1. Ich war neugierig und konnte es kaum erwarten, zum ersten Mal Ivica zu treffen.

Ich empfand eine Aufregung, eine seltsame, aber angenehme Energie breitete sich in meinem Körper aus. Es war dieselbe Energie, die auch Sie verspüren, wenn Sie auf Srebrnjak sind, und vielleicht auch beim Lesen dieses Buches.

Ich sah ihn, wie er dasaß, Kaffee trank und rauchte. Unsere Blicke trafen sich, und sofort hatte ich das Gefühl, dass er sich von allen anderen Menschen unterschied.

Dieser erste Blickkontakt, dieser eine Moment, war ausschlaggebend, dass ich blieb und wartete. Ich wollte einfach wissen, wie es weitergehen und ich mich fühlen würde.

Meine Mutter ging auf ihn zu und fragte ihn ohne Umschweife, ob er zu uns nach Hause kommen könne. Er lachte und fragte: „Gute Frau, wie oft waren Sie schon auf Srebrnjak?“ „Nur einmal“, sagte sie. „Es müssen einige Jahre vergehen, bevor ich zu meinen

Anhängern nach Hause komme“, antwortete ihr Ivica.

Das brachte sie nicht aus der Fassung, sie sagte nur, dass sie mit ihrem Sohn gekommen sei. Darauf schaute mich Herr Prokić an, stand von seinem Stuhl auf und kam auf mich zu. „Was wollen Sie, junger Mann¿“, fragte er. Ich antwortete, dass ich sein Buch gelesen habe. Ich sei gekommen, weil mich etwas angetrieben hätte, als wäre ich von einer unsichtbaren Energie hierher gezogen worden. Darauf sagte er energisch: „Warte, bis du an der Reihe bist, aber bedenke, dass man hier stundenlang wartet. Und Sie, gute Frau, gehen Sie!“ Nach diesen Worten drehte sich meine Mutter um und ging.

Ivica wirkte irgendwie wild. Ich spürte, dass er natürlich war, dass an seinem Verhalten nichts gespielt war, es war keine Pose. Seine Auffassung war, wenn es jemandem gefalle, solle er kommen und bleiben, wenn nicht, solle er Tschüss sagen und gehen! Sein Verhalten verstärkte nur noch mehr meinen Wunsch zu bleiben.

Als die Zeit gekommen war, trat ich mit etwa 30 weiteren Leuten in sein Arbeitszimmer. Ich dachte, wie kann er mit uns allen auf einmal arbeiten. Ich brauchte jedoch nicht lange zu warten, denn er begann sofort, die Leute der Reihe nach dranzunehmen. Er sprach schnell und klar. Die Leute nahmen dann sein Buch und gingen. Ich dachte nur, hoffentlich bleibe ich als Letzter da!

Es wurden immer weniger Leute, und als wir nur noch zu dritt waren, dachte ich, dass ich wirklich der Letzte sein werde. Ich begann langsam zu spüren, wie mich Angst überkam... schließlich waren wir in dem Raum, den wir zu dreißigst betreten hatten, jetzt ganz unter uns. Er und ich.

Seine ersten Worte lauteten: „Und... wie Sie sehen, junger Mann, Sie sind der Letzte. Wie Sie es sich gewünscht haben, nicht wahr?"

Ich murmelte etwas, das wie eine Antwort auf seine Frage klingen sollte. Ich konnte kaum einen vollständigen Satz zusammenbringen.

Er bestand nicht darauf, sondern begann zu sprechen. Er erzählte mir Dinge, die sich in meinem Leben abgespielt hatten, Dinge, die niemand außer mir wissen konnte. Also konnte es ihm niemand außer mir erzählt haben, aber ich hatte ihm nichts erzählt. Ich hatte ihn doch zum ersten Mal in meinem Leben gesehen.

Er sagte mir, wer ich sei, was ich sei, welche Probleme ich in meinem bisherigen Leben gehabt hätte, was ich lieben und wonach ich streben würde, und noch vieles mehr. Aber davon werde ich Ihnen bei passender Gelegenheit erzählen, denn jetzt ist noch nicht die Zeit dafür.

Irgendwo, tief in meinem Inneren, fühlte ich etwas, etwas, das zu mir sagte, dass mein Umherirren ein Ende haben werde. Ich spürte, dass ich das, was ich immer gesucht hatte, in die Srebrnjak-Straße 1 finden würde. An einem Ort, den die unterschiedlichsten Leute aufsuchen. Sie sind unterschiedlich, aber dennoch gleich.

Es ist unwichtig, ob man alt oder jung, schön oder hässlich ist, es ist gleich, welcher Nationalität oder Glaubensrichtung man angehört, welche Hautfarbe oder Bildung man hat, und zu welcher Gesellschaftsschicht man zählt.

An diesem Ort sind wir alle nur Menschen, die von dem einen Gott geschaffen wurden.

Ich habe Herrn Prokić als eine Persönlichkeit erlebt, die vor allem natürlich und einfach war, die nicht schauspielerte und jedem alles in Gesicht sagte, einfach die Wahrheit, ob sie einem gefiel oder nicht. Er war einfach so, und so mochten ihn die Leute.

Er war kein gewöhnlicher Mensch, aber er wollte sich nicht hervortun, sich nicht von den anderen absetzen. Über seine Fähigkeiten hat er nicht viel gesprochen. Für ihn waren sie ein Geschenk, das Geschenk Gottes. Er hatte es bekommen und gab es an andere weiter. Er verkaufte es nicht, weil er dafür auch nicht bezahlt hatte. Man hat kein Recht, das, was man als Geschenk erhält, zu verkaufen. Ivica wiederholte ständig, dass die Menschen nur in dem Maße Hilfe erhielten, in dem sie glaubten. Nicht mehr, und nicht weniger.

Das scheint einfach zu sein, aber Sie haben es wahrscheinlich nicht verstanden. Warum nicht? Weil Sie nicht verstehen, woran man glauben soll. Aber es ist leicht, Sie müssen an sich und Ihre Gefühle glauben. Sie müssen nur lieben, und nicht hassen.

Es ist wichtig, zu verstehen, dass unser Körper nur aus Materie besteht, die man mit dem Auge sehen kann, dass er aber ohne Geist ein Nichts ist. Es ist der Geist, der aus unserem Mund spricht. Erst wenn Körper und Geist eins sind, entsteht das Leben. Aber wir Menschen denken immer nur an unseren Körper und vernachlässigen unseren Geist.

Haben Sie sich denn nicht gefragt, was das für eine Macht ist, die aus unserem Mund spricht, und was das ist, das Einfluss auf unser Leben ausübt. Ich sage Ihnen nochmals, dass es Seelen jener Menschen sind, die einst gelebt haben. Sie sprechen aus Ihrem Mund.

Aber jetzt will ich nicht mehr darüber reden, ich habe eh schon zu viel davon erzählt.

Wie auch immer Ihnen das alles ungewöhnlich und seltsam vorkommen mag, denken Sie ein bisschen über alles nach und versuchen Sie zu verstehen, dass es wichtig ist, zwischen Körper und Geist zu unterscheiden.

Die Menschen schlafen noch, aber es ist Zeit, dass sie zu erwachen beginnen.

Ich glaube, dass das Erwachen langsam beginnt!

Warum besuchten die Menschen Ivica Prokić?

Der eine kommt aus reiner Neugier, der andere aus Provokation, und wieder ein anderer weiß gar nicht warum. Aber die meisten Besucher kommen, weil sie sich von einer unsichtbaren Energie angezogen fühlen. Sie kommen und spüren, wie sie von einem Gefühl des Wohlbehagens, der Wärme und einer inneren Ruhe erfüllt werden. Unser irdischer Körper ist verschiedenen äußeren Reizen ausgesetzt. Wir gehen durch negative und positive Energiefelder, ohne dass wir uns dessen bewusst sind.

Sie werden fragen, und wie?

Das menschliche Auge besitzt die Fähigkeit, unsere Umwelt wahrzunehmen. Wenn Sie in die Luft schauen, werden Sie nichts sehen. Nur eine Leere, sonst nichts. Und wir denken, dass es dort tatsächlich nichts gibt, dass es nur ein Raum ist, durch den wir uns bewegen. Das stimmt aber nicht, denn dieser Raum, durch den wir uns bewegen, ist von verschiedenen Energien erfüllt, positiven und negativen. Bei jeder Bewegung strömen sie durch unseren Körper, hinein und wieder hinaus.

Dies hat bisher niemand erklären können und ich weiß, dass es unglaublich klingt, aber es ist die Wahrheit, die Wahrheit, die ich noch nicht beweisen kann, aber die Zeit wird kommen, wenn ich dazu in der Lage sein werde.

In dem Moment, in dem eine negative Energie, ein böser Geist in uns gelangt, spüren wir verschiedene Beschwerden, wie die Beschleunigung der Herzschläge, Atemnot, Schwindelgefühle, plötzliche Schweißausbrüche, das Schwinden der Kräfte, Übelkeit u. ä. Wenn Sie dann einen Arzt aufsuchen, werden die Befunde in der Regel zeigen, dass mit Ihnen alles in Ordnung ist, während Sie sich jedoch immer schlechter fühlen. Die Ärzte werden denken, Sie seien nur ein Hypochonder, dem nichts fehle. Ihnen geht es jedoch tatsächlich schlecht. Sie fangen an, den Glauben an sich selbst, an die Ärzte und an Ihre Nächsten zu verlieren, denn die werfen Ihnen vor, Sie würden ihnen nur was vorspielen. Sie fühlen sich dabei ganz verloren.

Geben Sie niemanden die Schuld dafür, auch nicht den Ärzten. Sie sind einfach machtlos, weil kein

Röntgengerät, kein Mikroskop u. ä. den negativen Geist, der ihren schlechten Zustand verursacht hat, wahrnehmen und aufzeigen kann. Dies ist bisher noch niemandem gelungen. Die Medizin kann nur das heilen, was sie erkennt, beziehungsweise verfügt nur über die Mittel, die ihr Gott gegeben hat. Und Gott kann kein Mensch, auch nicht die Wissenschaftler erforschen.

Deswegen kommen die meisten von Ihnen nach Srebrnjak. Um die Energie zu empfangen, die den bösen Geist, der in Ihnen steckt, zu vertreiben. Wenn dies geschieht, wenn die Energie das Ihre dazu beiträgt, dann werden Sie sich gleich besser fühlen.

Aber dieser Prozess kann nur stattfinden, wenn Sie glauben. Dies bedeutet, dass Sie von einem Wunsch angetrieben sein müssen, etwas muss in Ihnen vorgehen, ein Gefühl muss entstehen, das Sie leitet. Wenn Ihr Wesen, Ihre Seele die Gefahr wahrnimmt und Sie einen Impuls verspüren, nach Srebrnjak zu kommen, dann machen Sie sich auf den Weg. Hören Sie auf Ihre innere Stimme, lassen sie Sie dorthin führen, wohin Sie gehen sollen.

Aber überreden Sie nie jemanden, zu kommen, auch wenn Sie denken, er habe es nötig. Er könnte Abneigung, Ekel, oder Angst verspüren und irgendeine Ausrede finden, um nicht zu kommen. Auf Srebrnjak kommt niemand, dem es nicht bestimmt ist, und wem es bestimmt ist, der wird kommen, wenn die Zeit für ihn reif ist.

Seien Sie natürlich und lassen Sie sich von Ihrem Geist leiten. Dann werden Sie sicherlich keinen Fehler begehen. Wenn Sie kommen, kommen Sie spontan, ohne Verpflichtung. Planen Sie nicht Ihren Besuch, denn damit würden Sie eine Selbstverpflichtung eingehen, der Sie vielleicht nicht nachkommen könnten. Warum, werden Sie fragen, was könnte denn passieren?

Vielleicht kommt Ihnen ausgerechnet dann etwas dazwischen und bringt Sie von Ihrem Vorhaben ab. Die negative Energie wird Ihren Gedanken wahrnehmen, von ihrem Plan erfahren und Sie daran hindern wollen. Sie wird Ihnen etwas in den Weg legen, damit Sie nicht nach Srebrnjak kommen, vielleicht ein Geschäft, das einen großen Gewinn verspricht, vielleicht besuchen Sie unangemeldete Gäste oder Sie erhalten eine Einladung, ins Kino zu gehen oder an einer Gesellschaft teilzunehmen, was Sie sich schon lange insgeheim gewünscht haben u. ä.

Dann denken Sie sich, also gut, auf Srebrnjak werde ich ein anderes Mal gehen, und vergessen dabei das Signal Ihres inneren Wesens, das die Gefahr gespürt hat und Sie nach Srebrnjak führen wollte, damit Sie dort positive Energie aufnehmen und geschützt werden. Aber die negative Energie verführt Sie und bringt Sie von diesem Weg ab. Sie sind sich nicht bewusst, dass Sie einen Fehler begehen, aber nach ein paar Tagen werden Sie anfangen, sich schlecht zu fühlen, an Schlaflosigkeit, Albträumen u. ä. zu leiden. Dann werden Sie Hilfe suchen, aber der Weg der Befreiung wird weit beschwerlicher und langwieriger sein, als Sie glauben.

Begreifen Sie, die negative Energie kann alles und tut alles, um unsere Pläne zu zerstören und uns von dem richtigen Weg abzubringen. Sie kann alles, aber sie kann keinen Menschen erschaffen, und deshalb macht sie alles, damit der Mensch sich immer weiter von Gott entfernt.

Deshalb hören Sie auf sich, auf Ihre Gefühle und lassen Sie sich von Ihnen leiten. Lassen Sie es nicht zu, unter den Einfluss von anderen zu geraten, denn Sie wissen nie, wer durch Ihren Mund spricht, wann Sie unter dem Einfluss der positiven, und wann unter dem Einfluss der negativen Energie stehen.

Und nun ein Rat für alle, lesen Sie in meinem Buch immer auch zwischen den Zeilen!! Sie sollten nichts wortwörtlich nehmen.

Dieses Buch wird in die Hände vieler gelangen, und deshalb muss ich aufpassen, was und wie ich schreibe. Ich möchte niemanden verletzen.

Vor allem möchte ich den Menschen den Weg weisen, der hier... vor Ihnen liegt. Sie sollen nur die Augen öffnen und schauen....

Das Erwachen

Es ist an der Zeit, dass der Mensch begreift, dass er aus Körper und Geist besteht. Und auch, dass Gott ihn erschaffen hat, und nicht er Gott.

Als Gott die Erde erschuf, die Muttergottes, schuf er nicht Grenzen zwischen den Staaten. Das haben die Menschen getan.

Er hat nicht Religionen geschaffen, es gab nur einen Glauben, den Glauben an Gott, an die Natur. Die Religionen wurden von Menschen geschaffen.

Die Menschen haben sich verändert. Der heutige Mensch denkt, er kann die Welt und andere Menschen beherrschen. Anstatt dass wir einander glauben und ein unteilbares Ganzes werden, trennen wir uns immer mehr voneinander und hassen uns gegenseitig.

Und anstatt die Grenzen niederzureißen, die uns trennen, ziehen wir neue, noch undurchlässigere. Wir entfernen uns voneinander, ohne dass wir uns darüber bewusst sind. Deshalb entstehen auch Kriege.

Solange wir weiterhin so fühlen und so handeln, wird es auch Kriege, Unruhen, Entführungen, Drogenabhängigkeit, Morde u. ä. geben. So sind wir halt, und Gott will sich nicht einmischen, wenn die Menschen ihn abstoßen, und wir haben ihn abgestoßen.

So wie Gott Wohlstand und Frieden schafft, so schafft die negative Energie das Böse und die Hölle auf Erden.

Sie werden fragen, wie stoßen wir Gott ab?

Wir stoßen ihn ab, indem wir einander hassen, aber Gott liebt die Menschen. Deshalb erschuf er sie auch. Er liebt alle Menschen, die weißen und die schwarzen, die gelben, die dicken und die dünnen, die schönen und die hässlichen. Und wir, lieben wir auch alle?! All dies sind Prüfsteine für uns.

Sie sind sich nicht bewusst, dass in dem Augenblick, wenn Sie in der Absicht, jemanden zu beleidigen und ihn zu erniedrigen, über ihn sagen, sieh mal diesen Trinker, Verrückten, Zigeuner, dann beleidigen Sie in Wirklichkeit Gott, weil Gott alles und jeden geschaffen hat.

Solange wir diese elementaren Dinge nicht begreifen, schlafen wir. Aber nicht unser Körper, sondern unser Geist, unser spiritueller Führer, schläft.

In dem Augenblick, in dem wir beginnen, umzudenken, wird er allmählich erwachen, und der Mensch wird zur Natur, zu Gott zurückkehren. Dann werden wir begreifen, dass wir alle gleich sind, dass wir alle von dem einen Gott abstammen. Die Kriege werden aufhören und alle Waffen werden schweigen, der Hass und das Böse werden verschwinden.

Unser erwachter spiritueller Führer wird uns leiten und unser Körper wird intuitiv reagieren. Wir werden erkennen können, was gut und was schlecht ist.

Seien Sie versichert, dass uns unser Ivica schützt und führt. Und so wird es immer sein, weil er dies alles begonnen hat, und wir nur Glieder in der Kette sind, mit der Aufgabe, die Liebe zu verbreiten. Und die Liebe... die Liebe ist die stärkste Waffe.

ZWEITER TEIL
DIE SONNE

Anfang

Der 08.05.1995. war, auf eine spezifische Art und Weise, mein erster Arbeitstag. Es fiel mir keinesfalls leicht. Auf diese Weise möchte ich mich bei allen meinen damaligen engsten Mitarbeitern bedanken, weil sie treu an meiner Seite blieben und zu mir hielten. Denn es gab auch einige, die vorgaben, zu mir zu stehen, es aber nicht ehrlich meinten. Sie blieben nur mit dem Ziel, nach dem tragischen Ereignis in Afrika, mir das Messer in den Rücken zu stoßen. Sie versuchten, unsere Arbeit zum Stillstand zu bringen und unsere Anhänger zu überzeugen, sich anderen Leuten zuzuwenden, etwa solchen, die sich mit Astrologie befassten.

Ich sah das alles. Ich war mir völlig bewusst, was um mich herum geschah, aber dennoch musste ich so tun, als ob ich nichts sehen würde. Es waren Prüfsteine für mich, ob ich durchhalten und ausreichende Stärke beweisen werde.

Man versuchte einige Male, mich aus meiner Position zu verdrängen, aber dank Ihnen, die mich jeden Tag besuchen, blieb ich hier, wo ich auch heute noch bin. Und der Person, die hinter meinem Rücken gegen mich agierte, möge Gott vergeben. Ich vergebe ihr auch, und bestrafen werde ich sie mit meiner Liebe, weil ich es anders nicht kann.

Ich weiß, dass viele dachten, ich würde die Früchte der Arbeit von Herrn Prokić ernten. Manchmal schien es mir selbst so. Aber ich hatte all dies nie angestrebt, noch gewusst, geschweige denn im Traum daran gedacht, dass es je so kommen würde. Ich war ständig in Ivicas Nähe. Wir waren zusammen in guten wie in schlechten Zeiten. Was wir alles durchgemacht haben, sollte ich besser unerwähnt lassen. In den letzten Monaten wurden wir von allen Seiten angegriffen. Nachdem man uns über die Presse angegriffen hatte, kehrten uns viele Menschen den Rücken. Jetzt, nach einem Jahr, kommen dieselben Menschen zurück und suchen bei mir Hilfe. Was meinen Sie, wie ich mich fühle, wenn diese Leute vor mir stehen, und ich weiß alles über sie. Ich weiß, was sie gesagt und gemacht haben, und jetzt kommen sie und erwarten, dass ich ihnen helfe? Nichtsdestotrotz versuche ich, ihnen so wie allen anderen zu helfen, ohne jeglichen Unterschied.

Das ist diese Kraft, die uns weiter machen lässt. Ivica ernannte mich zu seiner rechten Hand und schrieb darüber auch in seinen Büchern, ohne dass ich das überhaupt wusste, geschweige denn wollte...

In dem Moment, in dem man mich angeht und angreift, geht und greift man auch Ivica an. Ich weiß, viele würden gerne an meiner Stelle sein. Wer will, soll es tun, bitteschön. Ich werde ihm meine Stelle überlassen, dann soll er versuchen, das zu tun, was ich tue.

Wenn Sie denken, dass ich des Geldes wegen hier bin, täuschen Sie sich. Vor meiner Ankunft auf Srebrnjak hatte ich es im Überfluss, viel mehr als jetzt. Geld als Bereicherungsmittel interessiert mich nicht. Den Überschuss, von dem, was wir bekommen, verteilen wir an Bedürftige. Wir schenken es denjenigen, die es am nötigsten brauchen, die nichts haben. Ich helfe sogar mit Geld, aber ich rate Ihnen, nicht von mir Geld zu verlangen, denn das wäre ziemlich gefährlich.

Wenn ich es Ihnen anbiete, dann nehmen Sie es an, aber verlangen Sie es nicht selbst von mir. Warum? Weil Sie dann den Weg des Materiellen beschreiten. Ich bin aber dafür da, um Ihnen das zu geben, was Ihr Geist braucht. Es ist diese geistige Nahrung, die Sie nötig haben, und was das Materielle betrifft, das versuche ich Ihnen auf andere Weise zu geben, nämlich Ihnen den Weg aufzuzeigen, das Geld selbst zu verdienen. Der Mensch existiert, um zu arbeiten und um etwas zu schaffen. Nach der Geburt, solange wir klein sind, kümmern sich unsere Eltern um uns. Später sind es Erziehungsanstalten, erst der Kindergarten, dann die Schule und die Universität. Und wenn wir einen Beruf erlernt haben, arbeiten wir und verdienen so unseren Lebensunterhalt. Manchmal ist der Weg des Menschen mühsam und schwierig. Hier prüft uns Gott und verfolgt, wie wir uns in bestimmten Situationen verhalten, wie wir leben, wofür wir das Geld ausgeben, das wir verdienen. Vergessen Sie nicht, dass die negative Energie überall ist, immer auf der Lauer liegt und eine günstige Gelegenheit abwartet, Ihre Aufmerksamkeit auf sich zu lenken und Sie von Gottes Weg abzubringen.

Meistens müssen Sie als junger Mensch anfangs viel arbeiten und verdienen wenig. Und dann taucht eines Tages jemand auf, der Ihnen einen Job anbietet und sagt, Sie könnten mit weniger Arbeit und Mühe mehr Geld verdienen. Augenblicklich werden Sie gierig und schlagen diesen Weg ein. Sie vergessen, dass Gott Ihr ständiger Begleiter ist.

Früher pflegten Sie zu sagen: „Oh, Gott, wenn ich nur für die Wohnung und das Essen genug verdienen würde. Ich möchte nur gesund sein und nichts weiter." Nachdem jene Person aufgetaucht ist, möchten Sie mehr und mehr. Jetzt sind Sie nicht mehr mit den öffentlichen Transportmitteln zufrieden, sondern träumen von einem eigenen Wagen. Wenn Sie rauchen, ist Ihnen die alte Zigarettenmarke nicht mehr gut genug, jetzt wollen Sie eine bessere und teurere. Und dies alles bekommen Sie auch. Wer ermöglicht Ihnen dies alles? Die negative Energie. Sie beginnen sich zu verändern, ihre Selbstsicherheit wächst, Sie fühlen sich stark, von sich selbst überzeugt, und denken, Ihnen könne niemand etwas anhaben. Ihre Umgebung merkt allmählich, dass Sie sich verändern.

Sie verbringen immer weniger Zeit zu Hause, Sie schenken immer weniger Aufmerksamkeit Ihrem Ehepartner und Ihren Kindern. Bald erscheint ein Liebhaber oder eine Geliebte auf der Bildfläche. Immer mehr vernachlässigen Sie Gott, weil Sie in solchen Situationen Gott spielen und ihn imitieren. Es ist Ihnen nicht bewusst, dass Sie langsam in die Hölle versinken, und der Weg aus der Hölle ist langwierig und mühsam.

Sie wissen nicht, dass der maximale Zeitraum, in dem sie die Früchte fremder Arbeit genießen können, zwischen fünf und sieben Jahren liegt, und danach geht es für Sie und Ihren Nachwuchs bergab.

Ich werde versuchen, dies an einem Beispiel zu erläutern.

Nehmen wir einen Mann, der etwa zehn Jahre schwer gearbeitet und 10.000 Mark gespart hat. Er lebt zufrieden mit seiner Frau und zwei Kindern in einer Zweizimmerwohnung. Plötzlich erscheint eine Person und bietet ihm 10% Zinsen monatlich, wenn er ihr das Geld leiht. Dies würde praktisch bedeuten, dass dieser Mann, meistens ist es ein Familienvater, jeden Monat 1.000 Mark Zinsen bekäme.

Das hieße, dass er 10.000 Mark, für die er zehn Jahre hart gearbeitet hat, innerhalb von nur zehn Monaten verdienen könnte.

Ich weiß, dass Sie von vergleichbaren Fällen bereits gehört haben, weil es viele gibt, die auf diesen Trick hereingefallen sind.

Der Mann wird habsüchtig und gibt leichtsinnig und ohne groß zu überlegen seine mühsam erworbenen Ersparnisse hin. Die ersten zwei bis drei Monate scheint auch alles in Ordnung zu sein, hohe Gewinne werden erzielt. Dann will er noch mehr, und leiht zusätzlich Geld von Freunden und Verwandten, weil er über Nacht reich werden will. Das Geld gibt er dann der gleichen Person, die ihm schriftlich bestätigt, dass sie von ihm einen bestimmten Betrag geliehen hat, den sie in ein paar Monaten zurückzahlen wird. Der Mann ist sich gar nicht bewusst, dass diese Person nicht nur sein Geld, sondern auch das von vielen anderen genommen hat. Und dann plötzlich, wenn er bei dieser Person seine Zinsen abholen will, entschuldigt diese sich, momentan nicht in der Lage zu sein, ihn auszuzahlen, und bittet ihn in ein paar Tagen wiederzukommen.

Er weiß aber noch nicht, dass diese Person bereits viele Tausende von Mark ergaunert hat und nun ihre Flucht vorbereitet.

Wenn er dann wieder an ihre Tür kommt, trifft er dort andere Leute an, die in der gleichen Situation sind wie er.

Panik ergreift ihn, er wird sich auf einmal seiner Situation bewusst und sucht einen Anwalt auf, weiß jedoch nicht, dass es dieser auch nur auf sein Geld abgesehen hat, denn es ist fast unmöglich, jener Person auf die Spur zu kommen und ihrer habhaft zu werden. Nicht nur, dass der Mann seine 10.000 Mark los ist, er hat sich zudem um weitere 20.000 Mark verschuldet.

Ich persönlich habe kein bisschen Mitleid mit jenen, die auf solche Art ihr Geld verloren haben, weil sie dies selbst verschuldet haben. Niemand hat sie gezwungen, sie haben selbst das Geld aus der Hand gegeben.

Als sie dies taten, vergaßen sie Gott. Einen Ausweg zu finden ist schwierig, und schnell gerät oft die ganze

Familie in Not, denn die Schulden werden von den Eltern auf die Kinder übertragen.

Seien Sie deshalb nicht gierig und sehnen Sie sich nicht danach, immer mehr und mehr zu haben, denn bedenken Sie: Wie gewonnen, so zerronnen!

Erfolg oder Scheitern?

Ich fragte mich oft, was es heißt, Erfolg im Leben zu haben. Bedeutet es, einen guten Job, Geld, einen Ehepartner und Kinder zu haben, um glücklich zu sein?

Ich bin mir auch heute nicht sicher, aber ich glaube, dass Erfolg haben bedeutet, aufrichtig zu lieben und geliebt zu werden. Wenn ich lieben sage, meine ich dieses Gefühl, das wir tief und dauerhaft in uns empfinden. Lieben bedeutet, dem anderen nicht Böses zu wünschen, Menschen in Not helfen zu wollen, keine Geliebte zu haben, nicht neidisch und eifersüchtig zu sein. Was mich betrifft, möchte ich mich diesbezüglich nicht äußern. Das überlasse ich Ihnen.

Oft erinnere ich mich an Ivicas Worte: „Braco, lobe dich nicht selbst. Überlasse das den anderen, sie sollen es sagen. Du sollst dir auch nie etwas einbilden, denn wir sind nur Materie. Der Geist ist wichtig, und deshalb lasse dich vom Geist führen.“ Damals verstand ich nicht, was Ivica mir damit sagen wollte.

Und jetzt, wo ich es verstehe, wünschte ich mir, ich könnte ihm das auch sagen. Ich wünschte, er und ich könnten eine Runde mit dem Auto auf unseren alten Strecken herumfahren, und auch ein bisschen streiten wegen meiner Dummheiten.

Er gab mir häufig nach, weil er mich für einen verspielten Lausbuben hielt, was er mir auch oft sagte.

Er fehlt mir sehr. Manchmal ziehe ich mich in mich zurück und denke über ihn nach. Ich erinnere mich an jeden Moment, den ich mit ihm verbracht habe, und es tröstet mich, dass wir eines Tages wieder zusammen sein werden, aber bis dahin muss ich noch vieles tun.

All dies ist nur ein Abschnitt auf diesem Weg, uns erwartet noch einiges mehr.

Im vergangenen Jahr habe ich ein Büchlein unter dem Titel „Das Erwachen“ geschrieben und drei Videokassetten herausgebracht. Ob es ein Erfolg ist oder nicht, überlasse ich Ihrem Urteil. Für mich persönlich ist es keiner. Für mich bedeutet Erfolg, wahres Glück und Liebe zu empfinden.

Ich werde dann erfolgreich sein, wenn ich Ivicas Namen vom Makel befreit haben werde. Manche von Ihnen wissen, dass Ivica in den letzten Monaten von der Presse scharf angegriffen wurde. Erst wenn die

Menschen erkannt haben, dass er kein schwarzer Magier war, kein Jahrmarktwahrsager, serbischer Tschetnik oder was weiß ich noch, dann werde ich glücklich sein.

Bis es soweit ist, werde ich kämpfen. Ich werde versuchen, Ihnen zu helfen, soviel es mir gegeben ist. Begreifen Sie, dass Sie sich in dem Moment, in dem Sie vor mir stehen, entscheiden, wie und in welchem Maße Ihnen geholfen werden kann. Ich persönlich leite nur Ihre Wünsche und Bitten weiter, und ob Ihnen geholfen wurde, weiß ich erst in dem Moment, in dem Sie wieder vor mich stehen.

Ich versuche, Ihren spirituellen Führer zu wecken und einen Engel zu schicken, um Sie zu beschützen. Das ist alles, was ich Ihnen im Moment sagen darf. Alles andere hängt von Ihnen selbst ab.

Und in dem Moment, wenn Sie das Buch nehmen, das ich Ihnen gewidmet habe, bringen Sie mich und Ivica direkt zu sich nach Hause. Es kann passieren, dass Sie auf Unverständnis und Widerstand ihrer Mitbewohner stoßen, denn es ist schwierig, eine Familie zu finden, in der alle offen für so etwas sind, sei es auch noch so positiv.

Einmal im Monat gehe ich mit meinen Mitarbeitern nach Deutschland, denn dort gibt es auch viele Menschen, die mich sehnlichst erwarten.

Sie kommen zwar zu mir, aber Sie müssen begreifen, dass nicht ich derjenige bin, der Ihnen hilft. Ich bemühe mich nur, dahingehend zu wirken, dass um Sie herum eine positive Energie entsteht, die sich dann positiv auf Sie auswirken wird, beziehungsweise versuchen wird, Ihnen zu helfen, und den Einfluss der negativen Energie zu verhindern.

Die Menschheit befindet sich in einer nicht beneidenswerten Situation, die keinesfalls leicht ist, aber das, was geschieht, entspricht der Prophezeiung, die sich einfach bewahrheiten musste. Was weiter geschehen wird, werden wir sehen.

Ich ahne, dass ich bald in den Medien angegriffen werde, denn je stärker ich werde, desto größer wird auch die Schar derjenigen, die mich aus dem Weg räumen wollen. Warum? Weil es viele nicht gern sehen, dass die Menschen zu mir kommen. Sie werden versuchen, mich zu vernichten. Ob es ihnen gelingen wird, weiß ich nicht, aber ich weiß, was mich erwartet. Trotz allem bleibe ich hier und werde so lange bleiben, so lange Sie kommen, so lange ein einziger Mensch mich braucht. Ich habe ohnehin nichts zu verlieren. Dies ist der Weg, den ich gewählt habe und von dem ich nicht abweiche.

Ob meine Kraft zu- oder abnehmen wird, die Zeit wird es zeigen. Ich glaube, dass Sie sich fragen, worin diese Kraft besteht. Sie sind es! Sie, die Tag für Tag in immer größerer Zahl zu mir kommen. Und warum kommen Sie? Das müsste ich Sie fragen.

Liebe...

Die Trennlinie zwischen Traum und Wachsein... etwas, was sich jeder von uns wenigsten für einen Moment wünscht.

Um die Liebe zu erhalten, muss man leider viel leiden. Wie, werden Sie fragen. Jeder auf seine Weise, und keinem ist es bisher gelungen, sie zu definieren.

Sie ist überall um uns herum, immer in unserer Reichweite, aber wir suchen sie wer weiß wo. Manche glauben, dass man sich für die Liebe opfern soll, andere, dass es genügt, nur zu geben. Aber sie ist einfach immer da, man muss sie nur nehmen. Man braucht nur an etwas Schönes zu denken und schon ist die Liebe da. Sie kommt spontan und wir werden langsam von ihr ergriffen. Sie bleibt so lange, wie wir es verdienen.

Sobald wir an etwas Negatives denken, verlässt sie uns... verschwindet über diese schmale Linie. Und dann denken wir traurig, dass uns niemand liebt, dass alle anderen besser, schöner, wertvoller und klüger seien als wir.

Wir sind uns nicht bewusst, dass es manchmal Jahre, wenn nicht gar Jahrzehnte dauert, bis Schönheit geschaffen wird, weil es die Liebe ist, die sie schafft.

Wenn wir das Wort Liebe hören, denken wir an unsere Freundin oder unseren Freund, sind uns aber nicht bewusst, dass dies nur ein kleiner Bestandteil der Liebe ist, so winzig, wie ein Regentropfen im Meer...

Die Liebe kommt langsam und leise wie eine Biene zur Blüte. Wenn wir sie erschrecken, flieht sie. Und wie die Biene Honig produziert, so schafft auch die Liebe etwas Neues. Sie werden fragen, was schafft sie? Sie schafft neues Leben. Ich weiß, Sie verstehen es nicht und sind der Meinung, neues Leben könne auch ohne Liebe entstehen. Natürlich kann es das, aber dann wird man in ein, zwei, fünf oder zehn Jahren feststellen, dass die Frucht, die geschaffen wurde, nicht so ist, wie man sie sich gewünscht hat. Und sie ist deshalb nicht so, weil sie ohne Liebe erzeugt wurde. Was auch immer wir ohne Liebe machen, es wird nicht gelingen.

Backt ein Bäcker oder eine Frau zu Hause Brot, werden Sie bemerken, dass das Brot unterschiedlich ist, obwohl beide sich an das gleiche Rezept gehalten und die gleichen Zutaten verwendet haben. Warum ist das so? Der Bäcker arbeitet, weil er muss, und die Frau backt es mit Freude für ihre Familie oder Gäste. Es macht einfach einen gewaltigen Unterschied, ob Sie etwas mit Liebe machen oder nur, weil Sie es müssen.

Ähnlich verhält es sich, wenn Sie einen Freund, beziehungsweise eine Freundin suchen. Wenn Sie mit jemand nur deswegen eine Beziehung eingehen, um sich vor anderen zu profilieren oder aus ihr einen anderen Nutzen zu ziehen, dann sollten Sie wissen, dass eine so entstandene Beziehung früher oder später in die Brüche gehen wird. Denn Sie haben es wegen den anderen gemacht, Sie haben etwas vorgespielt, aber die Liebe verträgt keine Unehrlichkeit!

Die Liebe kann man nicht anfassen, man muss sie fühlen.

Man kann sie nicht sehen, aber man kann sie hören und riechen. Und wie kann man sie riechen? Die meisten von uns wissen, dass jeder Mensch auf seine eigene Art riecht. Wenn Sie nach einer bestimmten Zeit, die Sie mit einer geliebten Person verbracht haben, am Ende des Tages oder der Nacht auseinander gehen, werden Sie weiterhin, auch wenn sie nicht bei Ihnen ist, ihren Duft spüren, ihre sanfte Anwesenheit. Obwohl sie nicht physisch mit Ihnen ist, im Geiste ist sie es.

Und wie lange dauert die Liebe? In der heutigen Zeit leider kurz. Heute scheint es modern zu sein, möglichst viele Freundinnen, beziehungsweise Freunde zu haben. Scheinbar meint man, dadurch mehr Anerkennung in der Gesellschaft zu finden. Aber dabei vergisst man, dass die Zeit vergeht, es vergehen die Sekunden, Minuten, Stunden, Tage, Monate, Jahre ...

Das Leben ist Zeit, und in dieser Zeit werden wir in jedem Moment immer älter, und jede Sekunde, die vergeht, kann nicht mehr zurückgeholt werden.

Eines Tages wird uns klar, dass das Leben bereits größtenteils hinter uns liegt, dass wir alt geworden sind. Dann blicken wir in unseren Erinnerungen zurück, schauen uns die Orte an, an denen wir mal mit der einen, oder anderen Person spazieren gingen. Wir sehen, dass jetzt neue Generationen die gleichen Wege beschreiten, das Gleiche tun, was wir auch getan haben und die gleichen Fehler wiederholen. Nun wissen wir, dass wir Fehler gemacht haben und die Zeit uns bereits überholt hat. Dann möchten wir diesen jungen Menschen einen Rat geben, aber sie würden ihn nicht verstehen. Sie würden sagen: „Geh weg, Alter, was weißt du schon!" So haben wir auch gesprochen, als uns die Älteren gewarnt haben, weil wir nicht wussten und nicht verstehen konnten. Wir waren jung, verheißungsvoll, haben nicht überlegt, dass wir einmal alt würden, und wussten damals noch nicht, dass alles im Leben zurückgezahlt wird. Deshalb suchen Sie die Liebe nicht, träumen Sie nicht von ihr. Greifen Sie nach ihr und nehmen Sie sie, weil sie überall um Sie herum und in allem ist.

Es genügt schon, an sie zu denken und sie wird kommen. Dabei sollte man nicht mit dem Verstand, sondern mit dem Herzen denken. Liebe ist nicht Mathematik, sie kann nicht berechnet werden...

Lassen Sie sich von Ihren Gefühlen leiten. Planen Sie sie nicht, überlassen Sie sich ihren Gefühlen. Lieben Sie mit Herz und Seele, legen Sie dabei keinen Wert darauf, wer jemand ist, woher und aus welcher Familie er stammt, welchen Beruf er ausübt. Lassen Sie allein Ihr Herz entscheiden. Alles andere ist nebensächlich und darüber können Sie nachdenken, wenn die Zeit gekommen ist.

Wenn Sie diese Trennlinie zwischen Traum und Wachsein unterbrechen, bleibt Ihnen nur der Traum, und der Traum ist eine Sache und das Wachsein eine andere. So sehr Sie es wünschen, sie zurückzuholen, es wird Ihnen kaum gelingen, denn im Leben kann man nur einmal lieben, und dies auch nur, wenn Sie Glück haben, ansonsten bleiben Ihnen nur Erinnerungen.

Deshalb versuchen Sie, alle zu lieben, zunächst den anderen, dann sich selbst, damit auch andere Sie lieben....

Sind Kriege unvermeidbar?

Lange fragte ich mich, warum gibt es Kriege, denn sie sind gänzlich unnötig. Aber dennoch scheinen sie unvermeidbar zu sein.

Mit Kriegen wird die Anzahl der Erdbevölkerung reguliert. Blicken wir in die Vergangenheit zurück und wir werden sehen, dass es in jedem Jahrhundert mindestens eine kriegerische Auseinandersetzung gegeben hat. Kriege entstehen aus demselben Grund wie Krankheiten.

Die größten und häufigsten kriegerischen Konflikte gab es in Europa, weil es hier die größte Anzahl von Staaten gab, und jeder Staat nach seinen Prinzipien leben und handeln wollte. Der einzige Kontinent, der in der Vergangenheit von kriegerischen Auseinandersetzungen verschont blieb, ist Australien. Der Grund dafür ist, dass Gott dieses Land wegen eines großen Geheimnisses schützt, das es hütet. Ich weiß, dass es Sie interessiert, worum es sich handelt, aber die Zeit ist noch nicht gekommen, darüber zu sprechen.

Ähnlich verhält es sich mit Krankheiten und Epidemien. Wenn wir in die Vergangenheit zurückblicken, dann sehen wir, dass in jedem Jahrhundert eine unheilbare Krankheit aufgetreten ist, an der die Menschen in großer Zahl starben. Sobald man ein Heilmittel gegen die eine Krankheit gefunden hatte, trat eine neue auf. In der Vergangenheit waren es Cholera, Pest und Typhus, heute sind es Krebs und AIDS, und bald werden neue Krankheiten auftreten. Dies ist ein natürlicher Prozess zur Regulierung der Anzahl der Erdbewohner.

Einerseits werden Menschen geboren, andererseits sterben sie. Das ist das Gesetz der Natur. Ähnliches geschieht auch in der Tierwelt. Dort gibt es verschiedene Arten: Pflanzen- und Fleischfresser. Sie sorgen für die Regulierung des Bestandes in der Pflanzen- beziehungsweise Tierwelt.

Kleinere Vogelarten existieren beispielsweise, um die Welt der Insekten zu regulieren. Gäbe es sie nicht, wären wir von diesen winzigen Wesen bedroht. Größere Raubvögel, wie Falken, Habichte und Adler, regulieren wiederum den Bestand der kleineren Vögel, und die Natur selbst bestimmt die Anzahl der Raubvögel dadurch, dass diese nur selten und in kleiner Anzahl brüten.

Was die Kriege betrifft, die ich anfangs erwähnte, würde ich sagen, dass sie noch unvermeidbar sind. Viele fragen mich, ob es nicht möglich sei, sie zu verhindern. Ich würde die Frage bejahen. Aber leider leben wir immer noch in einer Zeit, in der einzelne Länder nach der Übermacht streben und andere dominieren wollen.

So lange ein solches Denken überwiegt, und die Menschen sich nicht vereinen, so lange sie nicht begreifen, dass Grenzen zwischen Staaten überflüssig sind, und so lange sie nicht aufhören, Gott zu spielen, wird es weiterhin Kriege geben.

Es müsste etwas geschehen, damit die Menschen anfangen, an Gott zu glauben.

Die Sonne

Warum habe ich dieses Büchlein „Die Sonne“ genannt?

Vielleicht fragen Sie sich, ob ich im Voraus gewusst habe, dass es so heißen wird. Ja, ich wusste es. Wenn sie mein vorangegangenes Buch „Das Erwachen“ aufmerksam gelesen haben, dann konnten sie ihm entnehmen, dass ich es dort auch angekündigt habe.

Es gibt nichts schöneres, als am Morgen aufzuwachen und durch das Schlafzimmerfenster den Sonnenschein zu erblicken und die wärmenden Sonnenstrahlen zu spüren.

Also, nach dem Erwachen kommt die Sonne. Sie ist das Symbol, das uns glücklich macht.

Wenn wir die Wärme der Sonnenstrahlen in unserem Gesicht spüren, fühlen wir uns gleich glücklicher und fröhlicher. Auf diese Weise wünscht uns unser Vater und Schöpfer im Himmel einen guten Morgen und einen erfolgreichen Tag.

Das Buch „Die Sonne“ entsteht im Frühling, wenn auch die Natur erwacht. Mit diesem Buch werden Sie die Wärme und das Glück direkt in ihr zu Hause tragen, weil es die Sonne ist, die alles bestimmt. Sie bestimmt, ob das Jahr fruchtbar wird oder nicht. Wenn die Sonne zu sehr scheint, kommt es zu Dürren und die Ernteerträge werden gering ausfallen. Wenn es zu viel Regen gibt, wird es zu feucht und es kommt zu Überschwemmungen. Daher ist es notwendig, ein Gleichgewicht herzustellen, damit die Menschheit überleben kann.

Wir wissen, dass alles bei der Entstehung der Welt festgelegt wurde, so hat Gott auch die vier Jahreszeiten geschaffen, Frühling, Sommer, Herbst und Winter. Jede Jahreszeit hat einen Zeitraum, nicht zu kurz und nicht zu lang. Genau so lang, wie es nötig ist. Obgleich Wissenschaft und Technik fortgeschritten sind, schaffen sie es immer noch nicht, Einfluss auf den Jahreszeitenwechsel und auf das Wetter zu nehmen. Warum? Weil ihnen das nicht gegeben ist. Wir erfinden Raumfahrzeuge, um das Weltall zu erforschen und haben immer noch nicht mal unseren Planeten erforscht. Milliarden über Milliarden Dollar werden für den Bau dieser Raumfahrzeuge ausgegeben, während gleichzeitig Menschen an Hunger sterben.

Warum benutzt man dieses Geld nicht, um beispielsweise die Trockengebiete auf dem afrikanischen Kontinent zu bewässern, wodurch alle einen

Nutzen hätten. Wahrscheinlich liegt es daran, dass Einzelpersonen gerne in die Annalen der Geschichte eingehen wollen, aber bisher gelingt es ihnen noch nicht so, wie sie es gerne hätten.

Warum schafft es die Wissenschaft nicht, die Möglichkeit einer Geburt zweier gleicher Kinder oder die Aufzucht zweier gleicher Blumen zu definieren. Ihre Vertreter versuchen die Entstehung der Welt wissenschaftlich zu begründen, begreifen aber nicht, dass jedes Lebewesen einen Funken besitzt, der SEELE genannt wird, und dass in dem Augenblick, wenn die Seele den Körper verlässt, nur noch Materie bleibt, die verrottet und zur Mutter Erde zurückkehrt. Ähnlich ist es auch mit dem menschlichen Körper. Man trägt ihn bis zu dem Moment, in dem er sich verbraucht hat, und dann wird man ihn mit einem neuen tauschen. Das ist so, wie wenn Sie einen Mantel oder eine Hose tragen. Sie tragen sie, bis sie abgetragen sind, und dann ersetzen Sie sie durch neue. So benutzt auch unser Geist unseren Körper so lange er will. Danach verlässt er ihn und geht in einen neuen über. Wir Menschen nennen diesen Prozess den Tod. In der astralen Welt jedoch gibt es keinen Tod, dort gibt es nur die Ewigkeit.

Ähnlich verhält es sich mit den Pflanzen und Tieren. Auch bei ihnen ist alles geregelt und im Voraus geplant. Nur die Zeit, die der Geist in den Pflanzen verweilt, ist weitaus kürzer. Wir sehen, dass es die Sonne ist, die alles in Gang setzt und alles bestimmt; sie wärmt die Muttergottes, aber nicht 24 Stunden am Tag. Warum? Weil sie Erholung braucht. Deshalb hat Gott die Nacht geschaffen, ein Zustand, in dem sich auch die Mutter Erde und die Menschheit erholt.

Es klingt einfach, nicht wahr? Es ist auch einfach. Denn das Leben ist einfach, nur wir Menschen haben es kompliziert gemacht.

Deutschlandtournee

Im Juni 1995, einen Monat nach dem tragischen Ereignis, reiste ich mit meinen Mitarbeitern nach Deutschland, um den Menschen, die eigentlich Ivica erwarteten, zu erklären, was sich abgespielt hatte. Es fiel mir schwer, all das auszudrücken, was ich wollte. Ich konnte kaum sprechen, nahm aber alle meine Kräfte zusammen und erzählte es ihnen unter Tränen.

Ich fragte mich damals, wie es weitergehen solle. Ich wusste einfach nicht, was ich tun sollte, weiter arbeiten oder nicht. Viele glaubten nicht an das, was ich sagte. Es gab etliche, die mir nicht glaubten, weil sie gewöhnt waren, mit Ivica zu arbeiten.

Ich wollte in der Erde versinken, einfach verschwinden! Aber wie? Ich entschied mich dann doch, zu arbeiten. Ich biss die Zähne zusammen und begann....

Zwar kamen die Leute zu mir, aber ich spürte, dass viele nicht an mich glaubten. Ich tat so, als würde ich es nicht bemerken. An diesem Tag waren 60 Leute da. Ich wusste gleich, dass mehr als die Hälfte von ihnen bestimmt nicht mehr kommen würde. Ich fragte mich, wie ich das nächste Mal arbeiten solle, und ich erhielt die Antwort, ich bräuchte mich nicht darum zu kümmern, ich solle nur meine Arbeit und mir keine Gedanken wegen der Leute machen.

Die Veranstaltung fand in Ludwigsburg statt. Damals reisten wir regelmäßig einmal im Monat in diese Kleinstadt in der Nähe von Stuttgart.

Das erste Mal kam ich mit Hilfe von Zdenka in diese Stadt, die mit einem Restaurantbesitzer vereinbart hatte, dass wir in seinem Restaurant unsere Veranstaltung abhalten konnten. Ich möchte mich auf diesem Weg bei Zdenka, sowie bei Vlado und seiner Frau Josipa bedanken, die uns, ohne groß zu überlegen oder viele Fragen zu stellen, aufgenommen haben. Ich sah sofort, dass sie, obwohl sie weder etwas über Ivica noch über mich wussten, bald überzeugte Gläubige sein würden. Ich danke ihnen von Herzen.

Damals beschloss ich, dass sich der Ort, an dem unsere Veranstaltung stattfindet, sich bis auf weiteres nicht ändern wird, und alle stimmten mir zu.

Bei den darauf folgenden Veranstaltungen erwarteten uns immer mehr Leute, ein Zeichen dafür, dass wir es geschafft hatten. Es wurden immer mehr Leute, und wir mussten uns keine Sorgen mehr machen, denn es waren hauptsächlich neue Anhänger, die meine Art zu arbeiten, akzeptierten.

Dort musste ich ziemlich schnell sprechen, denn ich blieb dort immer nur einen Tag, und es waren so viele Leute.

Denen gegenüber, die früher zu Ivica gekommen waren, erwähnte ich Mato aus der Schweiz, der jedes Mal mehr Leute mitbrachte. Ich möchte mich auf diesem Weg bei Mato herzlich bedanken, denn er stellt das Bindeglied zwischen uns und der Schweiz dar.

Und da sind auch noch Pero mit seiner Frau Marta. Ich möchte auch Dragan erwähnen, ebenfalls aus der Schweiz, der uns nicht nur in Deutschland besucht, sondern auch einmal im Monat nach Zagreb kommt.

Das ist der Weg, und Sie sind meine Kraft, eine Kraft, die mir Stärke verleiht, die mich antreibt. Solange es Sie gibt, werde auch ich sein. Und ich werde immer dorthin gehen, wo Menschen auf mich warten.

Die Bücher, die ins Deutsche übersetzt wurden, sind ein Anzeichen dafür, dass sich auch die Zahl der deutschen Anhänger allmählich vergrößern wird, obwohl sie schon jetzt recht groß ist. Wenn Sie mich fragen, ob ich zufrieden bin, würde ich mit ja antworten. Ich fühle, dass wir von Tag zu Tag stärker werden, und zwar deswegen, weil wir dem Weg folgen, den Ivica eingeschlagen hat.

Natürlich seien auch Zora und ihr Mann Vlado erwähnt. Denn ohne sie wäre dies alles kaum denkbar gewesen. Zora ist diejenige, die Ihre Anrufe und Mitteilungen entgegen nimmt und Sie öfter mal tröstet.

Ivica hat bestimmt, dass Zora unsere Veranstaltungen in Deutschland vereinbaren soll. Ich möchte mich auf diesem Weg bei ihr bedanken, weil sie in keinem Augenblick an mir und an meiner Kraft gezweifelt hat.

Ich bräuchte mehr Platz, um jedem Einzelnen zu danken, deswegen bedanke ich mich jetzt bei ALLEN, die uns geholfen haben, damit wir unsere Treffen auch weiterhin im Ausland abhalten können, und zwar für alles, was sie für uns getan haben.

Demnächst werde ich eine Videokassette aufnehmen, die aber nicht in Zagreb auf Srebrnjak, sonder in Deutschland gedreht wird. So werden wir Aufnahmen von Veranstaltungen in Deutschland in Kroatien zeigen können, auf die gleiche Weise, wie wir in Deutschland Aufnahmen aus Kroatien zeigen.

So viel zu unserer Arbeit in Deutschland.

Viele fragen sich, ob ich auch Tourneen in anderen Ländern machen werde. Würde ich, insofern Sie es möchten. Das heißt, ich werde überall dorthin gehen, wohin mich die Leute einladen.

Blumen

Sie haben jetzt alles über die Umstände erfahren, wie ich nach Srebrnjak gekommen bin, aber Sie wissen noch nicht, wie ich die gemeinsame Zeit mit Herrn Prokić verbracht habe.

Nachdem ich angekommen war, verbrachte ich meine ersten Tage damit, einfach dazusitzen, zuzuhören und zu verfolgen, wie Ivica arbeitete. Ich saß den ganzen Tag nur da, ohne ein Wort mit ihm zu wechseln. Es gab Momente, in denen mich Ivica von der Seite her ansah, aber nichts sagte, und ich traute mich gar nicht, mich zu bewegen. Ich fühlte mich seltsam, aber ruhig. Ich traute mich nicht einmal, auf die Toilette zu gehen, hätte mir Ivica nicht gesagt: «Geh pinkeln, sonst machst du hier noch in die Hose». Ich bin nur zusammengezuckt und hinausgegangen.

Damals dachte ich, oh mein Gott, er weiß alles, ihm kann man nichts vormachen. Ich saß neben ihm und hörte alles mit, die Beichten, das Wehklagen, die Krankheitsgeschichten der Menschen. Ich versuchte immer mal einen Blick in Ivicas alten Spiegel zu werfen, um auch etwas darin zu sehen, aber ich sah nur mich. Ich versuchte, mich etwas besser zu konzentrieren, aber auch dies half nichts. Dann sah mich Ivica an und sagte: «Mach es nicht, es ist dir noch nicht gegeben, aber es wird die Zeit kommen, wenn du von dem allen hier genug haben wirst». Diese Prophezeiung von Herrn Prokić hat sich bewahrheitet.

Ich hatte gesehen, dass einige der Leute Blumen mitbrachten. Damals dachte ich, dass man nur Frauen Blumen schenkt, und wunderte mich, warum man Ivica Blumen brachte. Sie alle wissen, dass es heute hier auf Srebrnjak immer ein Blumenmeer gibt. Einige von Ihnen bringen auch mehrere Blumensträuße mit.

Viele interessiert, wozu diese Blumen dienen. Ich möchte es Ihnen näher erklären. Mit Hilfe dieser Blumen wird Ihnen nämlich geholfen. Wie denn? Sie wissen, dass sich in Blumen Blütenstaub befindet. Mit Hilfe dieses Blütenstaubs begleitet Sie ein Schutzengel, beziehungsweise ich erwecke ihn, damit er Sie begleitet, denn manchmal gelingt es der negativen Energie, ihn einzuschläfern, und dann leiden Sie an einer Krankheit, an Schlaflosigkeit und Schweißausbrüchen.

Einfach ausgedrückt, in Ihrem Körper kommt es zu einer Blockade, beziehungsweise, er hat keinen Beschützer, um ihn zu behüten. Wenn Sie zu mir kommen, versuche ich ihn aufzuwecken und nach dem Besuch auf Srebrnjak fühlen Sie sich glücklicher, zufriedener und heiterer. Ich gebe Ihnen Energie, und Ihr Schutzengel beschützt Sie. Allerdings sollten Sie nicht glauben, dass Sie dazu verpflichtet sind, Blumen mitzubringen. Oft muss ich mir von Leuten, die zum ersten Mal kommen, anhören, dass sie sich entschuldigen, weil sie keine Blumen mitgebracht haben. Ich sage dann zu ihnen, dies sei auch nicht notwendig, denn die Leute bringen sie mir aus Dankbarkeit mit, aber erst, nachdem sie Hilfe bekommen haben.

Meine Arbeit

Ich weiß, dass viele von Ihnen interessiert, wie und auf welche Weise ich arbeite, wie ich Ihnen helfe. Zuallererst möchte ich sagen, dass man es nicht lernen kann, es wird einem einfach gegeben.

Vor einigen Monaten kam zu mir ein junger, zwanzigjähriger Mann und sagte, er wünsche sich, dass ich ihn von seinem Körper befreie, damit er wie ein Vogel fliegen könne. Im ersten Moment überlegte ich, ob ich ihn nicht gleich wieder wegschicken sollte. Es wurde mir aber aufgetragen, ihn erzählen zu lassen. Ich erkannte, dass dieser junge Mann viele eigenartige Wünsche und psychische Probleme hatte. Er hatte in seinem Leben nichts erreicht, seine Eltern hatten für seinen Unterhalt gesorgt, und er bildete sich ein, irgendwelche Kräfte zu besitzen. Ich fragte ihn, wer ihm von mir erzählt hätte, und er antwortete nur, dass viel über mich erzählt würde, unter anderem auch, dass ich in vielen Belangen helfen könne.

Ich antwortete, das sei richtig, aber ich könne ihm dennoch seinen Wunsch nicht erfüllen, denn um fliegen zu können, bräuchte man Flügel. Ich aber sei genauso so ein Mensch wie er und könne ihm deswegen nicht helfen. Ich sagte ihm, ich würde nicht über eine derartige Kraft verfügen, wie er sich vorstelle, und ich würde niemanden kennen, der ihm helfen könne, damit sein Wunsch in Erfüllung ginge. Der junge Mann war überrascht, denn er hatte erwartet, dass ich ihm weiß der Teufel was erzählen würde.

Er sagte, dass er verschiedene Bücher aus dem Bereich der Astrologie und verschiedenen okkulten Wissenschaften gelesen habe. Als ich ihm sagte, dass ich wenig darüber gelesen habe, war er etwas verwirrt. Er hatte eigentlich erwartet, ich würde viele Bücher besitzen, aus denen er lernen könne.

Sie müssen verstehen, dass das, was ich kann, niemand lernen kann, man muss es einfach geschenkt bekommen.

Noch ein anderer Fall: Eine Mutter kam mit einem Foto ihrer Tochter zu mir und sagte, ihre Tochter habe seit zehn Tagen furchtbare Albträume, und sobald sie die Augen schließen würde, auf einmal Personen erschienen, die sie töten wollten. Dass sie unaufhaltbar in einen Abgrund falle und es nie aufhöre.

Ich fragte sie, was ihre Tochter machen würde, und sie sagte, sie sei Schülerin und besuche seit einem Monat einen Reikikurs.

Ich wusste zwar nicht, was Reiki genau war, aber es wurde mir gesagt, dass es sich dabei um eine Art von Entspannungstechnik handele, die einem bei Krankheiten helfe und einem neue Kräfte verleihe. Mir war klar, dass das Mädchen irgendwo einen Fehler gemacht haben musste. Sicherlich hatte sie diese Technik falsch angewendet und dadurch einen Kontraeffekt hervorgerufen.

Ich sagte zu der Mutter, dass sie wiederkommen solle, falls sich in den nächsten sieben Tagen der Gesundheitszustand ihrer Tochter gebessert haben sollte.

Und tatsächlich, vor einigen Tagen stand die Mutter mit ihrer Tochter vor meiner Tür, beide mit einem Blumenstrauß in der Hand, um sich bei mir zu bedanken. Der Gesundheitszustand der Tochter hatte sich gebessert, und das Problem mit den Albträumen war gelöst.

Ich berührte sie mit meiner Hand und sie sagte, dass sie dabei eine Wärme und ein Glücksgefühl spüre. Sehen Sie, genau das ist es, was ich Ihnen geben kann. Wenn Sie glauben, dass Sie bei mir was weiß ich erleben werden, ein Wunder oder so etwas Ähnliches, muss ich Sie leider enttäuschen, denn das kann ich nicht. Sie müssen begreifen, dass die Kraft Gottes dergestalt ist, dass man sie nicht sehen, sondern nur spüren kann.

Das einzige, was ich Ihnen an Materiellem geben kann, ist nur ein Buch, mit dessen Hilfe sie sowohl mich als auch Herrn Prokić in ihr zu Hause hineintragen. Es gibt auch noch eine Videokassette, auf der Herr Prokić und ich gemeinsam zu sehen sind, außerdem einen Anhänger mit dem Symbol der Sonne, der Sie schützt und behütet. Es kommen Menschen mit unterschiedlichen Problemen und Bitten, aber die größten Erfolge erzielen wir bei der Lösung von Liebesproblemen, bei Albträumen, bei Problemen mit der Zeugungsfähigkeit usw. Aber wenn Sie glauben, dass es genügt, einfach hierher zu kommen, und schon seien Sie Ihre Probleme los, dann täuschen Sie sich. Ich weiß, Sie verstehen das nicht, aber das ist nicht so wichtig. Kommen Sie nur dann, wenn Sie eine positive Energie spüren. Überreden Sie andere nicht, zu kommen, denn Sie könnten von ihnen ausgelacht werden. Warten Sie ab, noch ist die Zeit nicht reif für sie, nichts kann beschleunigt werden.

Sie können versichert sein, dass derjenige, dem es bestimmt ist, auch kommen wird.

Auch ich habe anfangs versucht, viele zu überreden, meine Freunde und Freundinnen, dass sie kommen sollen. Ich sagte ihnen, dass es in Zagreb auf Srebrnjak einen Mann gibt, der alles sieht und weiß, und dabei einem noch hilft. Man müsse nur glauben und die Hilfe käme ganz von allein.

Obwohl mir Ivica sagte, ich solle lieber schweigen und nichts herumerzählen, hörte ich nicht auf ihn.

Damals wurde ich von allen kritisiert, aber heute kommen dieselben Leute, die mich damals kritisierten, genau so wie Sie zu mir. Ich verurteile sie nicht, sondern gebe ihnen genau so Hilfe wie Ihnen.

Überreden Sie deshalb niemanden, denn solange der geistiger Führer dieser Menschen nicht erwacht, der Schalter nicht gedrückt ist und die Glühbirne nicht aufleuchtet, können diese Menschen noch nicht kommen.

Überlassen Sie es der Zeit, das ihre zu tun! Sie, die mich schützen wollen, können dies am besten tun, indem Sie nicht so viel darüber reden. Denn, das müssen Sie verstehen, die Möwen sind immer noch schwach, aber vielleicht kommt gerade in diesem Augenblick ein junger Vogel zur Welt, der Tausende von Küken in die Welt entlassen wird.

Also, schweigen Sie lieber und machen Sie Ihre tägliche Arbeit, und Sie können sicher sein, dass Ivica immer bei Ihnen sein wird. Sie brauchen ihn nur zu rufen, und er wird kommen.

Indien

Nach einer Unterbrechung von fast einem Monat bin ich wieder da. Wie Sie sehen, hat sich das Schreiben dieses Buches in die Länge gezogen, so dass der Zeitpunkt, ab wann Sie es lesen können, noch nicht feststeht. Selbst mir als Autor ist nicht gegeben, zu schreiben, wann ich will.

Heute, am 24.04.1996 sind wir also wieder zusammen. Gestern, am 23.04., ist ein Jahr vergangen, seitdem wir von unserem lieben Ivica physisch Abschied genommen haben.

Ich weiß, dass es vielen schwer fällt. Gestern haben sich hier zahlreiche Menschen eingefunden, nicht nur aus Zagreb oder Kroatien, sondern auch aus vielen anderen Ländern.

Es freut mich, dass Sie so zahlreich erschienen sind, denn daran ist zu erkennen, dass wir immer noch gemeinsam dem Weg von Ivica folgen. Leider haben viele von denen, die gekommen sind, Ivica nicht mehr persönlich kennenlernen können. Sie haben nur die Möglichkeit, ihn auf Bildern in Büchern und auf Videokassetten zu sehen. Alle, die ihn nicht kennen gelernt haben, die aber seinem Weg folgen, sollten zum Friedhof Mirogoj gehen und für ihn eine Kerze anzünden, denn er ist der Gründer und Schöpfer von allem. Ohne ihn gäbe es all dies hier nicht.

Gleich als ich nach Srebrnjak kam, sagte Ivica zu mir: „Siehst du, Braco, dir hat das Leben alles geschenkt. Du hattest Geld, konntest reisen und bist auch gereist, und das hast du aus reiner Neugierde getan. Es wird die Zeit kommen, wo du viele Länder und Kontinente besuchen wirst. Ich weiß, dass du das jetzt noch nicht verstehst, aber viele Leute werden nach dir fragen".

Er erzählte mir viel über andere Länder und Menschen. Er erwähnte auch Sai Baba, einen bekannten Wundertäter mit übernatürlichen Kräften, der den Menschen helfen kann. Die meisten von Ihnen werden schon von ihm gehört haben und wissen, dass er für seine Fähigkeit bekannt ist, Gegenstände aus dem Nichts zu materialisieren.

Wir vereinbarten, irgendwann Sai Baba aufzusuchen. Ich selbst habe fast nichts von ihm gewusst, so dass ich keine vorgefasste Meinung hatte.

Deswegen entschloss ich mich, zu gehen, um etwas mehr über ihn zu erfahren. Mit meinem

Kollegen Pero flog ich am 17.01.1996 nach Indien. Wir wollten dort etwa einen Monat bleiben. Der Flug war ziemlich anstrengend, wir brauchten fast 35 Stunden, denn wir hatten keine direkte Verbindung, sondern mussten einige Male das Flugzeug wechseln. Nach unserer Ankunft in Indien – in Bangalor, und einer Übernachtung dort, fuhren wir in den Morgenstunden mit einem Taxi nach Putaparthi, wo Sai Baba seine Residenz hatte. Was das Klima betrifft, so herrschte dort sehr trockene Luft und Temperaturen um die 27 Grad, in Zagreb waren es 0 Grad, als wir abflogen.

Nach sechs Stunden Fahrt mit dem Taxi erreichten wir das Zentrum von Sai Baba, in dem eine Übernachtung für weniger Betuchte nicht einmal einen Dollar kostete. Bessere Unterkünfte kosteten drei Dollar pro Nacht, beziehungsweise pro Zimmer. Wir nahmen ein Zimmer, in dem es nur ein Bett und eine Waschgelegenheit gab, ansonsten waren die hygienischen Bedingungen nicht die besten. Aber darauf kam es nicht an, denn ich hatte den starken Wunsch, diesen Menschen zu sehen. Gleichzeitig fühlte ich eine innere Unruhe, wollte einerseits bleiben, andererseits wieder gehen.

Auf einmal erinnerte ich mich an Srebrnjak, an die Gemeinschaft und an Sie, und mich überkam ein Gefühl von Nostalgie.

Als wir ins Zimmer gingen, beschlossen wir, uns ein wenig auszuruhen, denn jeden Tag um 16 Uhr erschien Sai Baba vor den Besuchern aus vielen verschiedenen Ländern. Es sah aus wie auf einem Kasernenhof, beherrscht von Sai Babas Palast, der in einem besonderen Stil erbaut worden war. Etwas Vergleichbares habe ich nicht einmal in einem Film gesehen, ein faszinierender Anblick.

Die Besucher dürfen nicht in der üblichen Alltagskleidung eintreten, sondern sie müssen sich dort eine Art Uniform kaufen, Hosen und Hemden aus Leinen, damit sie alle gleich aussehen. Bevor man eintritt, muss man sich die Schuhe ausziehen. Alle müssen barfuss sein. Ich war etwas überrascht, als ich feststellte, wie strenge Regeln hier herrschten.

Auch das Rauchen war nicht erlaubt. Ich wusste, dass Pero ein leidenschaftlicher Raucher war, aber ich sagte ihm, dass er das aushalten müsse.

Ich bemerkte, dass sich am Eingang ein Detektor für Waffen befand.

Ungefähr dreihundert Meter vom Eingang entfernt stand der Palast, wo sich an die tausend Leute versammelt hatten, die dort knieten und beteten. Es war 15 Minuten vor 16 Uhr und der Augenblick rückte näher, in dem wir ihn sehen würden.

Zunächst aber erklang leise, indische Musik, dann öffnete sich das Dach des Palastes, und dieser Anblick war wirklich fantastisch.

Dann kam er, in orangefarbener Kleidung, mit einem Lächeln auf den Lippen. Er schritt durch das Spalier der Menge. Er ging, als würde er schweben. Ich hatte erwartet, dass er etwas sagen würde, aber er sprach kein Wort. Er machte ein, zwei Runden und ging.

Auf einer Seite standen fünfzig schwerkranke Leute: Krüppel, Behinderte und Blinde. Er sah sie nur an und ging an ihnen vorbei.

Falls es Sie interessiert, ob ich dabei irgendein besonderes Gefühl hatte, kann ich das nur bejahen. Ich spürte eine seltsame Strömung.

Viele behaupten, er sei ein Betrüger und Dieb, was ich nicht sagen würde. Denn ein Betrüger hätte nicht einen solchen Zulauf an Menschenmassen, und ich glaube, dass er die meisten Anhänger von allen hat. Ich fragte mich, wie es ihm gelingt, Dinge zu materialisieren, und ich erfuhr, dass er sich einfach in eine andere Dimension versetzt, in eine andere Zeit. Meiner Meinung nach, gehört er auch dieser anderen Zeit an, dieser anderen Dimension. Sie werden das jetzt nicht gleich verstehen, aber ich werde es Ihnen später mal erklären.

Dieses Ritual dauert an die 20 Minuten, dann geht er, um am nächsten Tag bei der Morgendämmerung wieder zu erscheinen. Er zeigt sich zweimal am Tag, um 6 Uhr morgens, und um 16 Uhr am Nachmittag. Es hieß, es bestünde die Möglichkeit, mit ihm persönlich zu sprechen und etwas über sich selbst erzählt zu bekommen, allerdings müsste man etwa 30 Tage in diesem Zentrum verbringen.

Ich zerbrach mir den Kopf, ob ich bleiben oder gehen solle. Wir überschliefen es eine Nacht, und am nächsten Morgen stand für mich fest, dass wir zurück nach Zagreb fliegen würden. Aber das war gar nicht so einfach, denn unsere Rückflugtickets waren erst für den kommenden Monat gebucht.

Ich erkundigte mich, wie man die Tickets umtauschen könne. Mir wurde gesagt, dass ich ein paar Tage warten müsse, dann würde es vielleicht gehen. Ich wollte aber nicht erst in ein paar Tagen, sondern schon heute Tag fliegen. In diesem Moment verstärkte sich noch mein Wunsch, heimzukehren. Ich hatte mein eigentliches Ziel, Sai Baba zu sehen, erreicht. Ursprünglich hatte ich mir vorgenommen, danach ein wenig auszuspannen und mir Indien anzusehen. Aber mein Wunsch, dorthin zurückzukehren, wo Sie waren, war einfach stärker. Ich sah Pero an, aber er lächelte nur. Es war ihm anzusehen, dass er sich wie ich zurück nach Zagreb sehnte.

Ich fand einen Mann und bat ihn, uns bei der Besorgung der Rückflugtickets behilflich zu sein. Er sah mich erst verwundert an, sagte aber dann, dass er mich für einen ehrlichen Mann halte und mir persönlich versichere, dass wir die Tickets bekämen. Nach einigen Telefongesprächen sagte er mir, dass wir noch am selben Tag nach Europa fliegen könnten. Er wies uns darauf hin, dass wir ihm unsere Pässe geben müssten, und er persönlich seinen Fahrer nach Bangalor schicken würde, um unsere Tickets abzuholen. Im ersten Moment war ich etwas besorgt, denn mir war klar, dass wir dann ohne Dokumente dastehen würden und die größten Probleme bekommen könnten. Es könnte sogar passieren, dass wir für längere Zeit keine Tickets für unseren Rückflug bekommen würden. Ich setzte dennoch alles auf eine Karte und gab ihm unsere Pässe.

Wir mussten einige Stunden warten, bis er sich meldete und sagte, dass die Tickets gekauft seien. Am selben Tag waren wir gegen 16 Uhr am Flughafen. Wir hatten in Srebrnjak nicht von unserer vorzeitigen Rückkehr Bescheid gegeben, deshalb war die Überraschung umso größer, als wir ankamen.

Ich glaube, dass Sie gerne etwas mehr über Sai Baba erfahren möchten. Meiner Meinung nach ist er eine Persönlichkeit, die über sehr große Fähigkeiten verfügt. Die Menschen in Indien verehren ihn deshalb wie einen Heiligen. Ich habe mich mit vielen Leuten über ihn unterhalten, und fand heraus, dass alle ihn verehren, aber nicht als Menschen, sondern als eine Art Gottheit. Ich muss gestehen, dass ich nichts Negatives dort bemerkt habe. Etwas hat mich allerdings überrascht, und zwar der starke Sicherheits- und

Personenschutz, er hatte sogar bewaffnete Leibwächter. Allerdings ist es auch irgendwie verständlich, weil so viele Menschen zu ihm kommen.

Zum Schluss möchte ich noch darauf hinweisen, dass jeder für sich selbst entscheiden soll. Es ist beeindruckend, dies alles mal gesehen zu haben, aber ob man dort Hilfe bekommt, das muss jeder selbst spüren. Wenn man das Gefühl hat, dass es einem hilft, vielleicht kommt man dann wieder.

Ich persönlich bin aus einem einzigen Grund nach Indien geflogen, weil ich mich mit Ivica über Sai Baba unterhalten habe.

Die Zukunft

Ich weiß, dass uns alle interessiert, was die Zukunft bringen wird. Denn die Zukunft ist eine Unbekannte, sowohl für die Wissenschaft als auch für den einfachen Menschen. Viele haben auf unterschiedliche Weise versucht, etwas mehr über sie zu erfahren, die einen über ihre eigene Zukunft, die anderen über die Zukunft im Allgemeinen.

Heute, am Ende des 20. Jahrhunderts, hat die Menschheit auf dem Gebiet der Technik große Fortschritte erzielt. Es werden superschnelle Flugzeuge, Autos, Züge, usw. hergestellt. Aber, wenn wir einen Blick in unsere Vergangenheit werfen, werden wir feststellen, dass es zu den bedeutenden Errungenschaften erst in diesem Jahrhundert gekommen ist, nach dem Zweiten Weltkrieg, also in den letzten fünfzig Jahren. Heute scheint alles bekannt zu sein.

Wenn Sie sich umschauen, werden Sie feststellen, dass die Städte überbevölkert sind, während die Dörfer immer mehr verwaisen. Alle sehnen sich danach, in den großen Städten zu leben, sind sich aber nicht bewusst, dass das Leben in der Stadt weitaus schwieriger ist als auf dem Land. Alle wollen ein Herrenleben führen, vergessen jedoch dabei, dass sie in den meisten Fällen von Bauern abstammen.

Wir leben in einer seltsamen Zeit, und die Mehrheit von uns ist dieser Lebensweise überdrüssig. Wir leben ein Leben nach Plan, ohne Spontaneität, und wir wissen immer schon im Voraus, wie wir den Tag verbringen werden. Wir möchten spontan sein, aber gleichzeitig hegt jeder von uns den Wunsch, etwas über die Zukunft zu erfahren, als hätten wir eine Vorahnung, dass sich etwas Bedeutsames ereignen würde. So wie Sie, ahne auch ich Veränderungen. Es werden sich Katastrophen ereignen, ich sehe starke Erdbeben kommen und auch einen Krieg zwischen den Großmächten. Ich darf noch nicht die Namen der einzelnen Staaten nennen. Ich sehe voraus, dass einige Institutionen allmählich ihr Ansehen verlieren werden, aber daran sind sie selbst schuld, denn man kann die Menschen nur so lange täuschen, wie es vorherbestimmt ist. Es wird auch zu großen Dürren kommen.

Viele glauben, das würde der Weltuntergang sein, aber so sehe ich das nicht. Die Wahrheit ist, dass viele umkommen werden, aber dann wird für die übrig gebliebenen Menschen ein goldenes Zeitalter anbrechen, ein Zeitalter, in dem keine Unterschiede zwischen den Menschen hinsichtlich Nationalität oder Glauben herrschen werden. Wir werden begreifen, dass wir alle gleich und von einem Gott erschaffen sind.

Wichtig ist es, zu verstehen, dass Materie vergänglich ist, dass sie nur von einer bestimmten Dauer ist. In dem Augenblick, in dem wir geboren werden, kommt unser Geist in eine Art Panzer, unseren physischen Körper, in dem er so lange bleibt, wie er gebraucht wird. Braucht ihn der Körper nicht mehr, verlässt er ihn.

In diesem Leben sind Sie ein Mann, im nächsten eine Frau, in dem einen ein Weißer, und schon im nächsten ein Schwarzer. Dem Geist sind sieben Reinkarnationen gegeben, das heißt, er kann sieben Mal den Körper wechseln. Danach bleibt nur noch der Geist, der für immer umherwandert. Sie werden das noch nicht verstehen, aber wenn die Zeit gekommen ist, werden Sie es begreifen. Manchmal, wenn wir schlafen oder träumen, verlässt der Geist unseren Körper, er reist frei umher, um sich zu erholen. In diesen Momenten empfinden wir Genuss, Müdigkeit,

Schweißausbrüche, Glück, Trauer u. ä. Je nachdem, auf welchen Pfaden Sie wandeln. Wenn Sie träumen, ist es am besten, dass Sie sich am nächsten Morgen, wenn Sie aufwachen, an nichts erinnern, denn dann werden Sie Ihre Träume nicht bedrücken.

Die Zeit, in der wir leben, ist aufregend und stressig, viele Menschen haben Albträume oder leiden an Schlaflosigkeit und sehen am Morgen nach dem Aufstehen müder aus, als vor dem Schlafengehen.

Deshalb sollten Sie versuchen, Ihr Leben mit mehr Fröhlichkeit und Freude zu gestalten. Reden Sie nicht ständig über die Arbeit, das Geld, Krankheiten und Probleme, denn dadurch ziehen Sie nur die negative Energie auf sich.

Lächeln Sie, denn dann passiert etwas um Sie herum, etwas, was die Monotonie und die Angst vertreibt, aber dies geschieht nur langsam und in aller Stille.

Wir Menschen sind noch schwach, aber Veränderungen sind bereits feststellbar, und deutlich sichtbar ist auch, dass wir langsam stärker werden.

Beim Schreiben muss ich sehr sorgfältig mit meiner Wortwahl sein, denn viele werden versuchen, den Inhalt dieses Buches auf unterschiedliche Weise auszulegen. Ich bin noch jung und ich meine damit nicht nur mein Alter. Wahrscheinlich gehöre ich zu den jüngsten, die sich mit solchen Dingen beschäftigen.

Es ist noch kein Jahr vergangen, aber es kommen immer mehr und mehr Leute. Ich muss auf der Hut sein, denn böse Zungen können es kaum erwarten, dass ich etwas Falsches schreibe und in eine Falle tappe.

Ich bin davon überzeugt, dass es mir gelingen wird, das, was mir gegeben ist, zu bewahren, und ich bin stolz darauf, dass ich unseren lieben Ivica als Lehrer hatte. Deshalb verfolge ich weiterhin diesen Weg, den Weg der Wahrheit. Und ich werde versuchen, all das, was mir gegeben ist, für Sie einzusetzen. Sie sollen wissen, dass ich in Zukunft, wenn Sie zu mir kommen, immer weniger und weniger sagen werde. Meine Worte werden oft falsch interpretiert, warum also sollte ich dann viel reden.

In dem Augenblick, in dem ich Ihnen mein Lächeln schenke oder Sie mit meiner Hand berühre, gebe ich Ihnen alles, was Sie brauchen. Denn wenn ich Ihnen etwas erzähle oder zu Ihnen spreche, wird es Ihnen eh nicht viel helfen, denn Sie kommen zu mir, um Hilfe, Glück und Zufriedenheit zu erhalten.

Aber wichtig ist zu wissen, wie ich schon öfters betont habe, dass es nicht ausreicht, nur zu kommen, sondern man muss auch glauben.

Zum Schluss möchte ich mich bei der Gemeinschaft bedanken, bei den Leuten, die keinen Augenblick an mir gezweifelt haben, sondern mich akzeptiert haben, wie einst Ivica.

Ich weiß, dass ich nicht Ivica bin, und das versuche ich auch gar nicht. Ich versuche nur, das an Sie weiterzugeben, was mir gegeben ist.

Ich danke auch Frau Prokić, in Ihrem und meinem Namen, denn sie hat es uns ermöglicht, dass wir auch weiterhin hier auf Srebrnjak zusammenkommen können, und ich verspreche ihr, dass ich mich auch weiterhin um sie, ihren Sohn Alen und ihre Tochter Marijana kümmern werde.

Ivica danke ich, dass er mich zu seiner rechten Hand machte, mir gestattete, jederzeit bei ihm zu sein, und mir ermöglichte, den Weg, den er eingeschlagen hat, fortzusetzen.

Es liebt Sie, Ihr Braco.

Am Ende oder am Anfang?

Also, wir sind am Ende dieses kleinen Büchleins angelangt.

Wenn Sie mich fragen würden, wie ich mich jetzt am Ende fühle, würde ich antworten, seltsam, genau wie am Anfang.

Obwohl unser lieber Ivica nicht mehr unter uns weilt und ich ihn nicht mehr mit meinen Augen physisch sehen kann, spüre ich ihn. Ich sehe und höre ihn..., höre seine Botschaften.

Er ist da, und er wird immer da sein...

Mir ist es ein Anliegen, dass Sie verstehen, dass das, was hier geschrieben wurde, fast nichts mit mir zu tun hat.

Ich glaube, dass es Ihnen nicht schwer fallen wird, draufzukommen, wer der eigentliche Urheber des Ganzen ist. Ja, es ist er... Ivica. Seine Kraft wird auch weiterhin sowohl auf Sie, wie auch auf mich wirken.

Erinnern Sie sich, was Ivica gesagt hat: „Sie müssen nur glauben und Sie werden Hilfe erhalten“. Ich weiß, das mag in der heutigen Zeit verrückt klingen, denn uns wurde beigebracht, dass wir für alles, was wir bekommen, mit Geld bezahlen müssen, sogar für die Hilfe, aber hier trifft das nicht zu.

Ich weiß, einige werden den Kopf schütteln und sagen: „Aber nein, so etwas gibt es nicht. Man bezahlt zwar nichts, bekommt aber auch nichts „Konkretes“, wie kann einem da geholfen werden!“

Das sind die uns auferlegten Prüfungen, die wir bestehen müssen. Gott hat uns unser Leben geschenkt, und deswegen prüft er uns und verfolgt unseren Lebensweg.

In dem Augenblick, in dem unsere Kerze des Lebens abgebrannt ist, entweicht der Geist aus unserem Körper und wird frei. Eigentlich beginnt dann erst alles. Bis dahin waren wir nur Sklaven. Unser Körper ist wie ein Panzer, in dem sich unser Geist plagte und litt. Nachdem er aus dem Körper entwichen ist, wird über ihn gerichtet für das, was sein Körper getan hat, als er auf der Erde war, beziehungsweise bei der Muttergottes.

Während die Muttergottes unseren physischen Körper beschützt und sich um ihn kümmert, sorgt Gott für unseren Geist, unsere Seele. Ähnlich ist es bei den Menschen. Der Vater eines Kindes sorgt dafür, dass es etwas im Leben lernt, geleitet es durch das Leben, gibt ihm sein Wissen weiter, und die Mutter kümmert sich um die Gesundheit des Kindes, dass es entsprechend angezogen ist, dass es satt wird u. ä.

Ich hoffe, Sie haben verstanden, dass so, wie sich Gott wie ein Vater um unseren Geist kümmert, und die Muttergottes, die Erde, sich um unseren physischen Körper sorgt, genau so verhält es sich bei jeder Familie. Ob Sie mich verstehen werden, liegt an Ihnen, aber wie dem auch sei, wir alle sind Glieder in einer Kette, die nicht unterbrochen werden kann. Die negative Energie mag versuchen, sie aufzusprengen, aber es wird ihr nicht gelingen.

Zum Schluss wünsche ich Ihnen viel Liebe, Glück, Gesundheit und Zufriedenheit

Ich werde so lange auf Srebrnjak für Sie da sein, wie Sie es wollen. Dasselbe gilt auch für alle meine Mitarbeiter.

Und Ivica... er ist die Krone, die Krone von allem. Er ist der Anfang und das Ende. Er lebt in uns allen, und wir sind dafür da, um das, was Ivica geschaffen hat, zu bewahren, zu pflegen und fortzusetzen. Wir sind der Samen, aus dem sich eines Tages eine Frucht entwickeln wird.

Mein nächstes Buch

Eigentlich wollte ich Ihnen jetzt noch mehr über meine Gefühle erzählen, denn ich fühle, ich habe noch nicht alles zu Ende erzählt, aber mir wurde gesagt, NEIN!!

Jetzt, ganz am Ende, habe ich versucht, mein nächstes Buch zu sehen, aber mir wurde gesagt, es werde geschrieben, aber es hänge nicht von mir ab, sondern von Ihnen.

Seitdem ich jetzt ein Jahr gearbeitet habe, haben viele von Ihnen den Wunsch geäußert, dass Ihre Danksagungen in meinem Buch erscheinen, aber ich wusste damals nicht, ob das machbar wäre. Gerade jetzt, in diesem Augenblick wurde mir gesagt, dass ich ein Buch schreiben werde, aber dass es Ihr Buch sein wird. Eigentlich werden Sie es schreiben, und ich werde nur Ihre Worte zu Papier bringen.

Deshalb sollten Sie alle, die auf irgendeine Art Hilfe erfahren haben und wollen, dass dies auch öffentlich bekannt wird, mir einen Brief schreiben, den Sie schicken oder auch persönlich abgeben können.

Das ist der Weg... Sie sind die Kraft, die weitermacht, die den Weg fortsetzt, den Ivica eingeschlagen hat. Wir sind alle nur Rädchen in einem Räderwerk, das die Wahrheit über ihn verbreitet.

Viele sagen, die Bücher von Ivica seien wundersam. Sie behaupten, diese Bücher würden ihnen Erleichterung und inneren Frieden bringen. Auf unerklärbare Weise verspürten sie durch seine Bücher Hilfe, und so werden auch Sie, mit Ihren aufrichtigen Briefen, aus denen unser neues Buch entstehen wird, dazu beitragen, dass auch Ihre Kraft in das Buch einfließt und so zu denjenigen dringt, die sie brauchen. Sie werden sich fragen, wie das gehen soll. Durch die Erfahrung, die Sie gemacht haben, wird Ihr geistiger Führer auf jene wirken, die dieses Buch lesen werden. Wenn sie traurig sind, wird er ihnen Freude zurückbringen, oder neue Hoffnungen wecken.

Viele werden das Buch lesen, nicht nur unsere Generation, sondern auch die folgenden. Es wird nicht nur in Kroatien gelesen werden, sondern in vielen Ländern und Kontinenten, und nicht nur auf kroatisch, sondern auch in anderen Sprachen.

Falls Sie anonym bleiben wollen, unterschreiben Sie einfach nicht. Der Name ist eh unwichtig, wichtig ist die SEELE.

Möge uns die Sonne, unser Symbol, behüten und uns Wärme spenden, wie sie auch der Muttergottes, der Erde, Wärme schenkt. Möge sie neues Leben schaffen, Nachkommen, die den Weg gehen werden, den Ivica eingeschlagen hat.

Ivica gebühre ewiger Ruhm und er soll stolz auf uns sein können!

Aus den vielen Zuschriften, die ich von Ihnen im vergangenen Jahr erhielt, habe ich eine ausgewählt.

Lieber Braco,

obwohl in meinem Buch noch ganz frisch das Datum 07.06.1995 steht, und obwohl ich gerade erst vom Srebrnjak nach Hause gekommen bin, kann ich nicht den Wunsch unterdrücken, die Worte zu schreiben, die einfach aus mir heraus müssen. Den ganzen Tag habe ich mich gegen diesen Brief gewehrt, aber sehr überzeugend die Schlacht verloren. Jetzt ist es schon ein Uhr nachts, aber ich bin noch immer erfüllt von einer seltsamen Energie und kann keinen Schlaf finden, ehe ich nicht sage, was mir auf dem Herzen liegt.

Aber ich kann in meinen Gedanken einfach nicht das „Sie" finden. Wenn ich „Sie" denke, dann denke ich an das Zweigespann Ivica-Braco, und deshalb wende ich mich mit dem „Du" an Dich, aber nicht mit weniger Hochachtung und Verehrung. Auch möchte ich mich dafür entschuldigen, dass ich einen Brief als Ausdrucksmittel gewählt habe, aber ich glaube, wenn ich nach Srebrnjak käme und über alles, was ich gerne loswerden möchte, zu erzählen anfinge, käme außer mir niemand an die Reihe. Deshalb denke ich, dass es so besser ist. Ich bitte Dich um Verständnis, lieber Braco, denn der Grund meines Schreibens ist viel stärker und tiefer als ich es mit Worten ausdrücken kann. In mir geschehen so seltsame, aber auch so wunderbare Dinge, dass ich mich gar nicht zurecht finde im Strom der Gefühle, der mich überkommt. Am 07.06.1995, kam ich zum ersten Mal nach dem Tod von Ivica wieder nach Srebrnjak. Ich wollte nicht wissen, was morgen geschehen wird, auch nicht, was das Schicksal bringt, ich suchte nur etwas Beistand.

Als ich nach Srebrnjak kam, mich hinsetzte und wartete, dass ich an die Reihe kam, erfasste mich eine eigenartige Unruhe. Ein unbekanntes und unerklärbares Gefühl. Nicht Angst, nicht Sorge, und auch nicht Panik, sondern etwas Unbekanntes und Ungewöhnliches. Ich betrat den Raum, in dem einst Ivica gesessen hatte, beziehungsweise den Raum, in dem ich einst Ivica sehen konnte, wie er dasaß, und ich war überzeugt, dass er anwesend wäre. Ich fing an zu stottern und sagte mit zitternder Stimme, was ich sagen wollte, und erzählte einen Traum, den ich erlebt hatte.

Ich werde nie Ivicas Worte bei unserem ersten Zusammentreffen vergessen: „Du wirst träumen. Deine Träume sprechen zu dir, du wirst alles über dich erfahren". Dann hast

Du mir das Buch gegeben und gesagt, dass ich die Fragen, beziehungsweise die Antworten auf alle meine Fragen in dem Buch finden würde.

Du sagtest: „Wenn du es liest, wird etwas Wunderbares geschehen, und wenn du es fühlst, dann komm wieder". Alles, was ich sagen konnte, war so armselig gegenüber dem, was ich Dir verdanke, so belanglos, danke.

Und dann ging es los. Ich trage das Buch in der Hand und gehe hinaus. Ich berühre kaum den Boden. Ich schwebe, weil mich etwas Warmes durchströmt, etwas, das mich ganz erfüllt. Ich lache vor Glück, obwohl ich mir das noch nicht erklären kann. Auf dem Weg nach Hause singe ich und denke nach. Ich bin überglücklich wegen dieses Glücksgefühls, das ich empfinde, und bin dennoch von einem Schuldgefühl geplagt. Ich fühle einen Schmerz, Deinen Schmerz, Braco. Ich spüre, dass Du das tust, was Du musst, aber dass Dich dieser Schmerz erdrückt, weil Ivica nicht mehr da ist. „Gebe Gott keinem..." wie Ivica zu sagen pflegte. Was fühlst Du, und womit kämpfst Du?

Du weißt es sicher am besten, aber ich möchte Dir sagen, dass Du für das, was Du tust, mehr verdienst als wir alle, die zu Dir kommen, und dennoch gibst Du uns den Zucker und behältst die bitteren Pillen für Dich. Ich möchte Dir sagen, dass ich glaube, Ivicas Kampf und die Liebe, die er uns geschenkt hat, waren gerechtfertigt. Er ist einfach ein Teil von uns geworden, er lebt in uns, in unseren Herzen und unseren Gedanken. Wir waren wertlos ohne ihn, wir waren seelische Krüppel, geistig Arme, Sterbliche, voller Laster und Sünden. Er hat alles verändert. Das Leben hatte auf einmal wieder einen Sinn, das Leben wurde wieder lebenswert. Mag das Leben noch so schwer sein, es ist dennoch von Schönheit, Glaube und Hoffnung erfüllt. Ich weiß, dass Ivica bei Dir ist, dass er Dich nie verlassen wird. Ich weiß, dass Du jetzt seine Hülle bist, und obwohl Du in Wirklichkeit eine andere Person bist, ist er ein untrennbarer Teil von Dir. Verzeih mir, dass ich manche Dinge so direkt anspreche und behaupte, aber ich hoffe, Du wirst mich verstehen, ich fühle das einfach. Ich glaube nicht, dass ich mich täusche, denn in dem Moment, als ich erfahren habe, dass Ivica verunglückt sei, sagte ich: „Wir haben Braco, er wird weitermachen." Ich weinte nicht, war es doch Ivica, der mich gelehrt hatte, nicht den Toten nachzuweinen.

Es schmerzte mich sehr, aber anstatt in Tränen fand ich Trost im Gebet. Es hat geholfen, glaub mir. Ich habe seine Bücher gelesen und wusste schon im Voraus, dass Du derjenige bist, der ihn eines Tages ersetzen wird. Es war nur frustrierend, dass dies so plötzlich und als Folge eines tragischen Unfalls geschah. Ich dachte viel darüber nach, wie Ivica mit der Erkenntnis darüber, was geschehen würde, gelebt hätte. Jetzt sehe ich erst, dass er es wusste und ich frage mich, was wäre geschehen, wenn er zufällig auch diesen Kampf gewonnen hätte. Er hat ihn aber gewonnen, natürlich auf eine andere Art und Weise, indem er sich und seine Familie opferte. Was wäre passiert, wenn er physisch bei uns geblieben wäre? Diese Frage wird zwar immer offen bleiben, aber auf diese Frage habe ich viele Antworten in Eueren Büchern bekommen. Ich danke Euch für jedes geschriebene Wort, für jede Wahrheit. Ich habe noch nie etwas so Verständliches gelesen. Fast telepatisch erhielt ich Antworten auf meine Fragen.

Ich wurde nämlich auch als eine Abtrünnige der Gesellschaft angesehen. Noch heute sagt man von mir, ich sei verrückt, hielte mich in verruchten Cafes unter grölenden und betrunkenen Leuten auf, würde aber nicht so richtig auf der Erde, sondern irgendwo verloren im Weltall leben. Eigentlich will ich nur meine Ruhe und allein sein, deswegen hält man mich für einen Sonderling. Ich floh aus der Stadt, Stunden über Stunden verbrachte ich beim Angeln, starrte auf die trübe Oberfläche der Drau, mit der ich auf Reisen ging. Ich fürchtete mich zwar immer vor ihr, fühlte mich aber gleichzeitig von ihr angezogen. Viele Jahre lang versuchte ich, vor mir selbst zu fliehen, weil ein Teil von mir immer gewusst hatte, dass ich eine Sünderin war. Dieser Teil trieb mich an, ein anderes Leben zu suchen, als das, was ich führte. Trotzdem kam ich immer wieder zurück und sündigte wieder. Aus meinen Mund sprudelte lauter Unsinn und meine Taten waren so widerwärtig, dass ich mich manchmal, wenn ich daran zurückdenke, vor mir selbst ekelte.

Und als mir schließlich das Wasser bis zum Halse stand und ich nicht mehr wusste, an wen mich wenden sollte, kam ich völlig verdreckt und in einem erbärmlichen Zustand zu Ivica. Als ich das erste Mal sein Buch bei einer Freundin sah, die es seit 1994 hatte, sagte ich zu ihr: „Schau dir bloß diesen Zigeuner an. Vergiss es! Woher willst du wissen, dass er keine schwarze Magie betreibt." Erkennst Du diese Worte wieder? Derselbe Mann hat mir mit keinem Wort Vorwürfe gemacht, ganz im Gegenteil, er tröstete mich und begann mich aufzuklären. Ich weiß, dass ich noch viel, viel lernen muss, und dass in mir noch viel Böses steckt, aber ich hoffe, dass ich es mit meinem Willen und Glauben und mit Deiner Hilfe, Braco, schaffen kann.

Ich habe bis jetzt noch nie richtige Liebe gespürt. Auch in meiner Familie nicht, irgendwie gehöre ich nicht zu ihr. Auf Srebrnjak habe ich dieses für mich fremdartige Gefühl zum ersten Mal kennen gelernt. Ich bekam Liebe und niemand hat verlangt, dass ich sie auf irgendeine Art erwidere. Ich wäre unendlich glücklich, wenn ich wüsste, Du würdest auch das fühlen, was Du anderen gibst und ich werde zu Gott beten, dass er Dir all die Liebe schenken möge, die Du anderen gegeben hast. Dass er Dir all das Glück zurückgibt, dass Du anderen geschenkt hast. Ich will in die Srebrnjak-Straße 1 kommen und spüren, dass Du glücklich bist, Dich so lachen sehen, wie Ivica immer gelacht hat. Ich bin Gott dankbar, dass er Euch uns geschenkt hat, gerade jetzt, wo wir Euch doch so sehr brauchen. Ich werde nie in meinem

Leben die letzten Worte vergessen, die Ivica an mich gerichtet hat: „Du weißt nicht, wie viele Feinde du hast. Mögen alle Götter dich auf deinen Wegen beschützen." Ich möchte Dir sagen, Braco, dass Du gar nicht weißt, wie viele Freunde Du hast und wie glücklich alle sind, die Dich lieben. Ich glaube, Du hast verstanden, wozu alle diese Kritzeleien von mir dienen und ich beende jetzt lieber diesen Brief, denn ich könnte noch stundenlang so weiter schreiben. Ich werde in den Büchern die Antworten auf alle meine Fragen suchen. Ich hoffe, bald wieder zu kommen und dann ein Buch mitzunehmen, das ich noch nicht habe.

J.G. Braco
NACH DER GROSSEN TRAGÖDIE

Herausgeber:
Buđenje d.o.o. Zagreb

Für den Herausgeber:
J.G.Braco

Redaktion:
Ljiljana Jurčević

Überzetzer:
Želka Krüger

Lektor:
Gerhard Krüger

© Buđenje d.o.o. Zagreb